中国理财师职业生态·2018

主　编　夏文庆
副主编　王伟强　刘技学

本书通过全面展示我国理财师职业生态现状、对自身职业的主观认识,以及对不同地域、不同年资、在分业经营分业监管环境下所属不同机构的理财师群体的交叉比较,为茁壮成长中的理财师群体描绘职业生涯发展路径,为广大理财人群根据自身需求选择理财产品和服务提供方向性指引,为监管单位制定监管政策提供第一手资料,共同提高理财师群体专业度,提升行业形象,助力行业持续、健康发展。

图书在版编目(CIP)数据

中国理财师职业生态.2018/夏文庆主编. ——北京:机械工业出版社,2018.3
ISBN 978-7-111-59335-5

Ⅰ.①中… Ⅱ.①夏… Ⅲ.①金融市场-概况-中国-2018 Ⅳ.①F832.5

中国版本图书馆 CIP 数据核字(2018)第 042923 号

机械工业出版社(北京市西城区百万庄大街 22 号 邮政编码 100037)
策划编辑:陈小慧　　责任编辑:陈小慧
责任校对:金梦媛　　责任印制:夏淑媛
营销编辑:谢朝喜　　装帧设计:高鹏博

北京宝昌彩色印刷有限公司印刷
2018 年 3 月第 1 版·第 1 次印刷
170mm×242mm·11.5 印张·160 千字
标准书号:ISBN 978-7-111-59335-5
定价:39.00 元

凡购本书,如有缺页、倒页、脱页,由本社发行部调换

电话服务　　　　　　　　　　**网络服务**
社服务中心:(010)88361066　　教材　网:http://www.CMPedu.com
销售一部:(010)68326294　　机工官网:http://www.cmpbook.com
销售二部:(010)88379649　　机工官博:http://weibo.com/cmp1952
读者购书热线:(010)88379203　　封面无防伪标均为盗版

《中国理财师职业生态·2018》
编辑委员会

出 品 人：王　涛

总 策 划：南小鹏

主　　编：夏文庆

副 主 编：王伟强　刘技学

编委会委员：（按姓氏拼音排序）

　　　　　　陈　方　陈静华　陈小慧　龚惠风
　　　　　　顾力平　黄雯婷　李　倞　林莹琬
　　　　　　柳　珂　陆晓晖　严　彦　袁苇琳

推荐序

金融监管新时代下的财富管理发展方向

2013年以来，中国银行间市场、外汇市场、股票市场、债券市场及互联网金融市场等市场风险事件的发生频率较以前有较大幅度上升，尤其是汇率贬值、资本外流和资本市场动荡之间的联动，带来了系统性风险苗头，引发金融市场风险持续上升。2016年年底中央经济工作会议明确指出要警惕并注重防控8个方面的风险。2017年召开的第五次全国金融工作会议则提出了防控金融风险、服务实体经济和深化金融改革3大任务，其中最紧迫的任务是防控金融风险，特别是防控系统性金融风险。资产管理行业是金融业中的年轻成员，未来规范发展和风险防控将持续成为所面临的重要任务。

第五次全国金融工作会议达成了一项重要成果，即设立国务院金融稳定发展委员会。这是中国金融监管发展史上具有里程碑意义的事件，表明从20世纪90年代初开始建立的中国分业监管体制正在发生方向性转变，标志着一个金融监管新时代的来临。未来，由金融稳定发展委员会统筹协调下的新的监管体制将逐步取代运行长达15年之久的现行分业监管体制，这必将对中国金融业产生深远影响，同时，对尚处于发展初期的财富管理行业具有重要意义。

2017年11月，央行等5部门发布了《关于规范金融机构资产管理业务的指导意见（征求意见稿）》，清楚地表明了未来资产管理行业规范和统一监管的趋势，其实施必将对行业发展产生十分深远的影响。

推荐序

财富管理是一种综合金融服务，涉及证券、保险、银行等多个领域。在行业发展初期，提供财富管理的金融服务机构主要以产品销售为主，因此，在分业监管的环境下，对不同金融产品的发行、销售渠道及产品销售过程中的销售行为进行监管，基本上可以满足业务规范和风险控制的要求。但以产品为导向的财富管理服务显然是有缺陷的：一方面，对金融消费者权益的保护无法得到充分体现；另一方面，对财富管理从业者而言，也很难对客户真正产生专业的影响力。根据海外发达国家经验，财富管理行业有自身发展规律，其必然朝着更加全面地帮助客户管理好家庭财务的方向发展，而单纯成为产品的提供者是无法真正体现财富管理的专业性的。因此，只是在产品销售端加强对销售渠道和销售人员的监管，显然不能满足行业长期发展的需求。从这个意义上讲，财富管理行业也需要有专门的监管部门来引领和规范。因此，在金融监管新时代，监管环境变革为我国财富管理行业的发展提供了新的重要契机。

管理层将防控金融风险放在金融工作的首要位置，在一定程度上也反映出国内潜在的金融风险正在逐步积聚。在新的市场和监管环境下，面对市场的潜在风险，居民的投资心态和投资方式就不能沿袭过往的思维模式。然而，思维模式的惯性是难以迅速刹车并出现方向性转变的。在这种思维惯性的影响下，投资者可能依然以过去的投资经验作为投资决策依据，这就不可避免地在风险发生时遭受投资损失，严重的话还可能影响市场和社会的稳定。为此，投资者需要有专业人士帮助厘清投资逻辑、辨识并防范投资风险，以及选择合适的风险规避工具。而担负着"金融产品到投资者最后一公里"职责的财富管理机构及其从业人员（理财师），在此过程中必然肩负着重大责任。

可见，随着宏观经济环境和金融监管格局的逐步改变，无论是从客户的需求、行业自身发展看，还是从防范金融风险及保护金融消费者权益方面看，都对财富管理行业及广大一线理财师提出了更高的要求。

《中国理财师职业生态·2018》基于对数千名一线理财师和投资人群的调查，不仅科学地分析了国内理财师的职业生态，也从中看到中国财富管理行业的发展现状。从中，我们看到了行业存在的问题，更看到了健康发展的希望。我们欣喜地看到，广大理财师已经积极行动起来，通过大量的客户财商教育活动，进行科学的财富管理理念的传播；我们还看到，具有很高学习意愿的理财师们也在加强自身专业能力建设，为更好地向客户提供综合金融服务而努力……这一切都预示着，这个行业将会在完成"防控金融风险对居民财富的影响"任务的过程中扮演重要角色，也预示着中国财富管理行业具有健康发展的良好前景。

我很高兴能为这本书撰写推荐序，也感谢中国理财师职业化发展论坛的组织者和为本书提供了理财人群调研成果的《大众理财顾问》杂志，他们能在这个关键时刻，自发地花费了大量的人力、物力、精力进行调研活动。这不仅为理财师们做了一件大好事，也为行业乃至中国金融市场的健康发展做了一件十分有意义的事。

连 平

交通银行首席经济学家

中国金融学会理事

推荐序

财富管理的春天,不远了

5年前,中央财经大学中国银行业研究中心联合中信银行私人银行,发布了《中国私人银行发展报告》。报告总结了我国私人银行从无到有前4年的发展,从体制、业务、产品、监管、国际化等5个方面对我国私人银行存在的问题进行了深入剖析,并对我国未来私人银行的发展趋势给出了分析与展望。

5年后,热心公益的中国理财师职业化发展联合论坛的组织者们,自发进行了一次全国性的调研活动,用了近1年的时间,收集了4597份一线理财师问卷,并通过分析和研究,结合了《大众理财顾问》杂志对2910名理财人群的调研成果,汇编成《中国理财师职业生态·2018》。这次,他们从从业者的职业生态角度出发,为我们展现了中国财富管理行业的现状。

从这份报告中,确实可以看到,中国财富管理行业在过去5～10年里获得了非常大的发展,市场上产品越来越丰富,各类金融机构不同程度地在现有的分业经营的监管环境下参与进来。让我留下深刻印象的还有理财师群体极强的学习意愿。我始终相信,人的作用在行业发展过程中是巨大的,因此我认为,中国的财富管理行业正在朝着一个非常好的方向发展。

但我们也不能否认,中国的财富管理行业依然处于发展的早期,具有非常鲜明的早期发展阶段的特征。比如,财富管理行业的整体营收模式依然主要靠产品销售,理财服务收费的比例极低;从业者专业能力和水平参差不齐;大多数理财师认为监管还有更大的提升空间,等等。

几年前我就曾经说,银行业将成为财富管理的主流行业,因为银行也有着广泛的客户基础,信用水平高,做非标理财产品的优势非常明显。从这次的调研结果我们也可以看到，银行业在财富管理行业中的地位确实已经确立起来，其理财师规模、客户人数规模、资金管理规模等，都占了整个行业的大半壁江山。但我们同时也看到，银行业的理财师相比其他行业的理财师士气要低迷很多，这背后的原因值得深入研究和探讨。

资产管理行业和财富管理行业可谓唇齿相依，财富管理行业的发展在很大程度上依托于资管行业的发展，这也是财富管理行业早期发展阶段的特征之一。在过去几年里，各类资管产品在金融市场发挥了十分重要的作用。首先表现为在破解"融资难、融资贵"难题方面另辟蹊径，通过资管产品途径进行融资有别于传统的直接融资和间接融资模式，更加灵活高效而且成本可控。同时，通过财富管理行业的发展，也为我国居民提供了更优的资产配置选择。应该说，资管业务的飞速发展对于拓宽居民投资渠道、支持实体经济融资需求发挥了积极的作用。

从微观而言，部分资管产品或多或少存在监管套利、透明度低、杠杆高企、权责不明、底层资产不实的问题，还普遍存在资金池操作、产品嵌套、刚性兑付等不规范现象。其中，刚性兑付在表面上向客户兑付了本息，客户获得了"高收益低风险"的投资产品，而实际上，刚性兑付的风险依然停留在金融体系，部分资管产品以自有资金或者资金池来确保预期收益，背离资产管理业务"受人之托，代人理财"的本质和初衷，并使风险在金融体系内部不断积累。

对财富管理行业而言，刚性兑付是一柄双刃剑。多年来，"刚性兑付文化"让投资者获得了较高收益，"风险"却很低，这样的情况持续多年，在一定程度上助长了财富管理行业的表面繁荣，同时，刚性兑付留给财富管理行业从业人员及其客户的基因却并不健康，因为"高收益低风险"本身就违背了投资的客观规律。

因此，规范资产管理业务的发展，加强对客户的风险意识的教育及对理财师的执业行为进行监管，已成为多层次金融体系初步形成后，我国金融市场发展的当务之急。

我始终认为，规范资产管理业务的发展，应当首先明确资产管理业务并非债权与债务关系，从而厘清资管业务的本质属性，引导其向"受人之托，代人理财，投资者风险自担"的本质回归。近期，《关于规范金融机构资产管理业务的指导意见（征求意见稿）》的出台，明确了打破刚性兑付的监管要求，也表明了管理层已经着手加强对资产管理业务的规范。

同时，我们从《中国理财师职业生态·2018》中看到，理财师从业务发展需求出发，也已经逐渐成为客户财商教育的主力军，这是一个可喜的现象，也使得理财师群体的重要性凸显出来，因为即使在大数据时代，单靠智能投顾是无法完成客户的风险意识教育的。

最后，我还要重申过去几年我对金融监管方面的看法。我认为，我国金融市场的发展一方面是基于金融市场改革的进一步深化，完善金融法制建设；另一方面则是基于坚持金融创新，并在发展过程中发现问题、解决问题。面对财富管理这样一个新兴行业，要在政策上扶持行业的发展，不仅要在其发展过程中解决所面临的问题，而且还要在监管方面要有引领行业发展的战略目标和路径。

郭田勇

中央财经大学金融学院教授、博士生导师

中国银行业研究中心主任

财富管理行业的挑战和机遇

美国次贷危机对全球金融行业的发展影响深远。危机发生后，各国金融监管当局对金融自由化所表现出来的问题进行了深刻的反思。金融创新产品的不断涌现降低了交易成本，并为企业融资、风险规避提供了更多的工具。但硬币的另一面是，竞争压力迫使金融机构借助高杠杆来提升利润，甚至向投资者销售过度包装和美化的金融产品。

20世纪80年代以后，银行为降低利率风险，把住宅抵押贷款打包在二级市场出售，特别是在房利美（Fannie Mae）和房地美（Freddie Mac）的推动下，证券化获得了空前的发展。美联储前主席格林斯潘曾在2005年声称："过去很多贷款申请人被拒之门外。如今金融机构能非常有效地判断每个申请人的风险，并对风险做出合适的定价。"次贷危机的爆发，让格林斯潘尝到了"打脸"的滋味。

话犹在耳，面对中国金融市场现状，是否有似曾相识之感：从金融脱媒到大资管，从P2P到消费贷、现金贷、供应链金融；大数据的运用，极大提高了征信和审核的效率；而信贷资产的证券化发展也一日千里，以刚性兑付、风险低收益高的姿态吸纳了大量的居民储蓄和投资……

与此同时，管理层对居民和企业杠杆率突飞猛进的态势显然心存忧虑。截至2017年7月，我国居民部门债务（包括长短期贷款、住房公积金贷款）占GDP的比重已经突破了53%，而这一比例在2007年还不足20%。美国居民部门债务率从20%提升到50%用了接近40年时间，而中国只用了不到10年。而非金融企业部门从2015年以来，杠杆率从125%进一步上升到165%。因此，2016年四季度，宏观政策转向抑制资产泡沫和去杠杆，金融监管显著加强，"一行三会"监管协调性显著增强，在许多监管问题上达成共识，由央行牵头建立统一的针对大资管业务的监管体系，以减少监管套利和市场投机；银监会强化对银行同业业务和表外业务监管，实施"三违反""三套利""四不当"专项检查；证监会加强对证券业机构和证券市场违规行为监管和处罚力度；保监会强化对万能险、投连险产品及保险机构资产投向和偿付能力监管。

在2017年11月17日，央行等五部门发布《关于规范金融机构资产管理业务的指导意见（征求意见稿）》（以下简称《指导意见》），这是中国金融监管历史上具有里程碑意义的时刻。这份文件对金融机构资产管理业务制定了统一的监管标准，第一次实现真正意义上的"功能监管"，其中最大的亮点就是明确提出要打破刚性兑付：金融机构开展资产管理业务时不得承诺保本保收益。出现兑付困难时，金融机构不得以任何形式垫资兑付。

毫无疑问，在建设多层次资本市场体系的过去10年里，金融创新不断涌现，金融监管相对克制和宽容；大量金融产品出现，一改居民投资渠道过于狭窄的局面，我国的财富管理行业也因此得到了空前的发展。但随着金融监管不断加强，刚性兑付被明确要打破后，财富管理行业的发展无疑也将面临转型的重大契机。

和海外发达国家相比，我国财富管理行业尚处在发展早期，行业发展也同样受到国情和经济发展的影响。在刚性兑付等"潜规则"的影响下，投资者一味追求高收益，并寄望风险由资产管理机构或者金融服务机构来承担；而金融机构则因为经济快速增长阶段的"成功经验"而过于乐观，忽视了宏观系统性风险可能带来的潜在危机。在这一过程中，承担着投资者与金融产品之间桥梁作用的一线理财师，也没有得到应有的锻炼和金融风暴的洗礼，难以体现应有的专业价值。但这一切很有可能随着金融监管的加强而改变。财富管理行业及数以万计的理财师将何去何从？

我有幸认识了一批有着极强的危机意识、热心公益并极具执行力的理财师，他们成立了中国理财师职业化发展联合论坛，并在过去一年里与全国的理财师一起沟通、交流，发放职业生态问卷，完成了财富管理行业发展史上第一次大规模的调研活动，获得了理财师群体职业生态的第一手资料。在此基础上，他们还通过对样本数据的整理分析研究，结合《大众理财顾问》杂志深入投资者人群所获得的理财人群投资倾向分析调研成果，汇编成《中国理财师职业生态·2018》，并邀请我作序，欣然同意。

理财师群体的职业生态是整个行业发展现状的缩影，他们的职业生态特征在很大程度上体现了行业当前整体发展情况。我们从中看到，理财师群体虽然有行业发展早期对自身职业生涯发展的困惑，但是他们对行业发展同样寄予殷切期望，并已经在自发地探索新的商业模式，以积极、开放的心态相互学习和交流。书中还有很多非常宝贵的信息，值得广大从业者、金融机构、普通客户乃至监管单位认真研读。让我们一起来思考中国财富管理行业的发展路径。

《指导意见》的出台，标志着中国理财市场走向专业化的历史性起点。在新的时代，理财师必将成为理财市场的弄潮儿。

刘胜军

中国金融改革研究院院长

刘胜军微财经创始人

推荐序

从资产管理到财富管理

近年来,我国居民财富快速增长,对于理财的需求日益旺盛。2017年由兴业银行和波士顿咨询公司联合发布的《中国私人银行2017年度报告》显示,2016年中国个人可投资金融资产规模达126万亿元,高居全球第二位。伴随着居民财富的快速增长而诞生并蓬勃发展的资产管理行业,从中长期来看,前景仍然十分广阔。根据国家统计局公布的数据显示,2016年,我国人均GDP达到8113美元,到2020年达到人均1万美元的目标指日可待。这一发展阶段,也是资产管理和财富管理行业发展的黄金时期。

作为资产管理行业的重要组成部分,1998年,国内公募基金肩负着"为居民财富保值增值,为经济发展创造价值"的使命应运而生。20年来,行业制度、法规不断健全,投资管理能力稳步提升。从基金业协会公布的数据可以看出,截至2017年年末,公募基金管理机构已过百家,管理的公募基金资产规模达11.6万亿元,公募基金产品数量已经超过了A股上市公司的股票数量,仅公募产品的累计分红就超过了1.5万亿元,为投资者创造了真金白银的收益。资产管理行业在满足居民财富管理需求、促进资本市场价格发现、优化资源配置、支持实体经济发展等方面,均发挥了重要的作用。近期,为落实党的十九大关于金融体制改革的相关要求,央行联合银监会、证监会、保监会、外汇局等部门共同提出了资管业务统一监管的框架措施,从降低系统性金融风险的基本原则出发,针对不同金融机构资产管理业务的监管标准进行了明确和统一。由于公募基金在杠杆率、投资者管理、信息披露、净值管理、资金托管等方面的制度规范较为健全,新规的推出将长期利好公募基金行业。在资产管理市场规范化管理的调整过程中,公募基金有望吸引更多的资金流入。

在大资管业务蓬勃发展的今天，投资者不仅拥有了更多的可供支配资产，也面临着更多的投资理财选择。国内投资者经过长期的实践，拥有了更为专业的投资知识、更为成熟的投资理念，同时也产生了更为差异化的投资理财需求。为满足投资者日益升级的资产配置需求，资管机构也面临着从传统的产品驱动发展模式向以客户为中心、以市场为导向转型的需要。改变原有的向客户销售统一标准化产品、以单一产品服务客户的发展方式，利用大数据、人工智能、云计算等工具获得更精准的客户描述，并根据客户的个性化需求，发挥资管机构在投资和资产配置方面的专业优势，以差异化、系列化的产品和服务来满足客户，才能真正实现为客户量身定制进行资产配置的目标。令人欣喜的是，行业正在健康发展的轨道上快速前进。2017年公募FOF的首次获批，拉开了资产配置新时代的序幕，目标风险、目标收益、生命周期产品和养老产品的引入，有利于推动长期投资、价值投资的理念进一步深入人心。同时，智能投顾的蓬勃发展，也有助于帮助客户实现投资组合的动态智能管理。

理财师是资管机构与投资者之间的桥梁与纽带，是实现居民财富管理的重要推动力量。《中国理财师职业生态·2018》收集和分析了全国数千名一线理财师的职业化状况，研究和讨论了理财师的行为规范和专业化理财模式，契合了时代发展的需求和居民财富管理的现实需要，对提升理财师的专业水准有着重要意义，也让全社会更加关注理财师的职业生态。作为资产管理机构，我们需要高度关注专业理财师的发展情况，探索与理财师之间更紧密、更高效的合作路径。通过沟通和交流，让理财师们了解到资管行业发展的最新情况，把科学的投资理念、高效的投资方式和优质的投资产品与理财师共享，为他们向终端客户服务提供有力的帮助，实现多方合作共赢，共同推动我国财富管理事业的发展，实现居民财富保值增值的目标。

孙志晨
建信基金总裁

自　序

找准问题　对症下药
——开展理财师职业生态调研，促进财富管理行业健康发展

中国的理财师群体从来没有像今天这样充满活力！每当周末，打开微信的朋友圈，就看到理财师们不是在开展客户活动，就是在举办理财师沙龙，要不就是在参加活动的路上。理财师与客户之间、理财师之间的交流越来越频繁，而且跨地区、跨行业的深度交流已成常态。几乎每天，理财师都很忙碌，忙于充电学习、忙于交流分享、忙于业务发展、忙于客户服务……

在过去 10 年中完成了从 0 到 1 突破的中国财富管理行业，伴随着中国多层次金融体系的建设进程而萌芽、发展和繁荣，财富管理服务提供商，包括银行、券商、保险公司、信托公司等在内的大型金融机构，以及大型第三方财富管理机构均得到快速发展；越来越多由理财师创办的中小型第三方财富机构也不断涌现，并勇于尝试不同的商业模式；同时，服务于各个发展阶段理财师的各种平台不断出现，理财师在这些平台上相互学习，使用各种展业工具，获得相关资讯，答疑解惑……行业发展活力四射，财富管理领域的活跃度可谓空前高涨。

然而，在行业快速发展的同时，我们也清醒地认识到其中存在的一些问题，尤其是行业发展模式的局限性问题。行业发展早期"以产品销售"为导向的服务模式，以及通过金融产品销售，并向资产管理端收取佣金的主流商业模式，在行业及理财师职业生涯发展的过程中，体现出其局限

性，并形成发展瓶颈。中国财富管理行业何去何从，如何为数以万计的中国理财师群体职业生涯的发展和选择指明方向，成为当前整个中国财富管理行业广泛关注的命题。

在这一大背景下，在一批热心公益、关注行业发展的理财师的积极推动下，"中国理财师职业化发展联合论坛"的成立正式提上日程，希望集全行业之力，研究讨论理财师行为规范，探索符合专业化标准的理财服务模式；借鉴不同国家和地区的发展模式，集行业领先从业者之经验、思维方式，结合监管环境的变化、理财师专业能力的提高，促进理财师执业专业化发展；同时以行业自律推动中国金融消费者权益的保护，提高理财师职业认知度和荣誉感，加强社会公众对理财师职业价值的认同。

为了这一目标，理财师们成立了中国理财师职业化发展联合论坛筹备委员会（以下称我们），用于筹备定期召开的行业研讨会，并以行业交流、发布行业调查报告等形式，促进行业的健康发展。在当前阶段，我们的主要工作就是希望通过加强全行业从业者的互动和交流，研究和探讨符合中国国情的和不同行业发展阶段特点的理财师职业化标准（包括理财师工作状态的标准化、规范化、制度化，理财师在工作中应遵循的职业道德规范和职业素养，以及胜任的职业技能等），并在适合的时间，向业务主管单位提出成立社会团体的申请。

在与业内同仁广泛交流和沟通之后，我们发现，要探索中国财富管理行业的发展方向，其中一个非常关键的问题就是对当前整个从业人员职业化生态和工作环境的了解不足。如果不能了解行业从业人员的生态，就无法真正发现影响行业发展的症结所在，也就无法真正地对症下药，进而推动行业的健康发展。

2017年年初，我们展开了对全行业理财师和理财人群的问卷调查活动。我们来自于理财师群体，以我们在行业多年的执业经验和对理财师所处的客观环境及所关心的问题的理解，精心设计了理财师职业调查问卷。

问卷共分为两个部分，前 30 题为必答题，后 20 题为可选题。对当前我国理财从业人员的职业生态，从理财从业人员的构成、专业能力的获取途径、工作环境、对雇主的满意度、客户关系，以及对行业发展的现状和未来的看法等多个维度进行信息采集。同时，为了配合此项工作，我们在北京、上海、成都、南京、苏州、温州共 6 个城市开展了理财师城市沙龙活动，就当前的行业热点及行业发展趋势等相关主题，与当地理财师和理财师协会进行了充分的沟通、交流。

问卷调查自 2017 年 4 月 30 日开始，至 2017 年 8 月 31 日结束，历经 123 天，问卷总阅读量超过 1.25 万人次，最终共收集有效样本 4597 份，其中有 2112 个样本同时回答了可选题部分。

本次调研样本覆盖中国所有省、直辖市和自治区，同时，参与本次问卷调查的理财师所服务的机构，基本覆盖了提供财富管理服务的机构，包括银行、券商、基金、期货、信托、保险等传统金融机构，以及第三方财富管理机构、独立理财师工作室等各个细分业态。从调查规模、覆盖面及获得有效问卷的数量来看，此次调查问卷活动是中国财富管理行业发展至今参与人数最多、规模最大、覆盖面最广的一次，也是第一次真正地、体系化地让全社会关注到理财师群体的职业生态。通过对有效问卷样本的整理和分析，我们发起编写了《中国理财师职业生态·2018》（下称调查报告），希望尽可能全面地展现当前中国一线理财师的构成及其工作环境、职业生态、自我认识，以及对行业发展的看法。同时，结合对中国理财人群的专业理财顾问服务需求分析，借鉴海外部分国家财富管理行业发展经验，并基于这些现象和事实，一方面为理财师提供专业的理财师画像，助力其职业生涯的顺利发展；另一方面，我们也希望通过对当前理财师职业生态的描述，为有关监管单位提供行业从业人员及当前行业发展状况的第一手资料，为行业监管政策的制定提供有益参考。

本调查报告分为 5 个部分，分别从理财师基本特征描述、理财师生存现状、理财师职业生涯发展、理财人群对专业服务的需求，以及行业发展建议进行详细阐述。

其中，理财人群专业服务需求分析部分由《大众理财顾问》杂志提供。该杂志是金融理财领域的权威媒体，长期以来，以其优质的内容和深入的报道深受广大投资者喜爱。该杂志对投资环境有全面理解，对投资者研究深刻。《大众理财顾问》在 2017 年设计的理财人群投资倾向调查问卷主要针对我国投资者在投资时的偏好、对理财服务的需求、如何判断和选择理财师等方面进行了有针对性的调研。

本调查报告得到了大众理财顾问杂志社的大力支持，结合其部分调研成果形成了本报告中"理财人群对专业服务的需求分析"章节内容，对本调查报告进行了有效的补充，对此我们表示衷心的感谢。

本调查报告还通过对此次收集样本的交叉比较，进一步展示具有不同年资、不同服务机构、不同地域等差异性的理财从业人员对行业现状和发展的感知，以此进一步展现中国财富管理行业的全貌，使之成为当代中国财富管理行业的"清明上河图"。

在整个调查问卷的发放过程中，我们得到了全国各地理财师和投资者的热情参与，尤其是理财师问卷调查中，还得到了上海金融理财师协会、北京理财规划师协会、江苏省理财师协会、广州市理财师协会、温州理财师协会、辽宁理财规划师协会、顺德理财师协会等 8 家行业协会的共同参与和大力支持，让我们感受到了行业同仁对中国财富管理行业的热爱，以及对行业发展的真诚期望。在这里我们对他们表示衷心的感谢。

为了加强业内交流，我们在全国范围内邀请了一批从业资历较长、专业素质较强、专业技能突出的理财师组成了 55 人交流群，并与其中一批主动要求参与编写工作的志愿者组建了中国理财师职业化发展联合论坛筹备委员会（以下简称筹备委员会）。在理财师调查问卷的设计和调查报告的编写过程中，筹备委员会的 7 名核心成员及志愿者以极大的热情参与其中，

自 序

各抒己见，并付出了大量的时间和精力，为展示当前中国财富管理行业现状，呈现中国理财师群体职业生态，推动行业健康发展做出了积极贡献。他们是：夏文庆、南小鹏、王伟强、陆晓晖、陈方、李惊、龚惠风、刘技学、陈静华、袁苇琳、黄雯婷、严彦、柳珂、顾力平、林莹琬等。其中，王伟强及麦策团队为调查问卷的设计和后期技术分析做出了特殊贡献，夏文庆、王伟强、刘技学为调查报告的编写工作付出了巨大的时间和精力。

在本调查报告出版过程中，我们得到了机械工业出版社的各级领导、项目负责人王涛和编辑陈小慧的大力支持，其中王涛从出版角度出发，为整个调查报告的内容架构提出了非常有建设性的建议。

在此，向所有为调查报告做出努力的理财师，以及关心和支持中国财富管理行业健康发展的社会各界人士，表示我们诚挚的感谢！因为你们的支持和付出，让更多理财师看到了希望！

中国理财师职业化发展联合论坛筹备委员会

2017 年 12 月

目 录

推荐序 / Ⅳ

  金融监管新时代下的财富管理发展方向 / Ⅳ

  财富管理的春天,不远了 / Ⅶ

  财富管理行业的挑战和机遇 / Ⅹ

  从资产管理到财富管理 / ⅩⅢ

自　序 / ⅩⅤ

  找准问题　对症下药——开展理财师职业生态调研,促进财富管理行业健康发展 / ⅩⅤ

概　述 / 1

  一、样本数量分布 / 1

  二、分析方法 / 6

  三、主要结果概要 / 7

第一章　理财师基本特征描述 / 9

 第一节　构成 / 11

  一、年龄梯队现雏形 / 11

  二、学历高、证书全 / 14

  三、银行理财师占主导 / 16

 第二节　工作环境 / 20

目　录

　　一、超半数理财师常加班 / 20

　　二、多半年收入在 20 万元以下 / 20

　　三、频遭"挖角"仍坚守 / 21

　　四、对所在机构和品牌普遍持信任态度 / 23

　　五、有丰富产品支撑 / 24

　第三节　客户关系管理 / 26

　　一、客户多，黏性低 / 26

　　二、潜在需求挖掘初见成效 / 27

　　三、重视财商教育 / 29

　　四、工作方式须升级 / 31

　　五、专业咨询收费服务任重道远 / 34

第二章　理财师生存现状分析 / 37

　第一节　不同机构理财师生存现状差异分析 / 39

　　一、银行理财师实际境况和形象反差大 / 39

　　二、保险理财师自得其乐 / 43

　　三、证券理财师向往大机构 / 48

　　四、信托理财师回报高 / 50

　　五、第三方机构理财师最活跃 / 53

　　六、独立理财师最成熟 / 55

　第二节　不同年资理财师生存现状差异分析 / 62

　　一、年资越长越吃香 / 62

　　二、年资越长自我规划越清晰 / 68

　　三、机构评价两头扬，监管、学习是常态 / 71

　第三节　不同地域理财师生存现状差异分析 / 73

　　一、东部理财师优势多 / 73

　　二、中部理财师渴望外部环境有所改善 / 76

　　三、西部理财师心态相对积极 / 79

四、东北理财师满意度较高 / 81

第三章　理财师职业生涯发展 / 87

第一节　专业能力获取途径 / 89

一、专业认证是基本途径 / 89

二、多层次专业培训体系正形成 / 90

三、多数希望继续学习 / 92

四、自辟学习阵地 / 92

五、国内理财师专业认证证书概览 / 94

第二节　职业生涯发展展望 / 102

一、强压力下依然坚守 / 102

二、大型机构受青睐 / 105

三、保险机构理财师创业忙 / 106

四、独立理财师叫好不叫座 / 107

第三节　成功理财师画像 / 109

一、成功理财师定义 / 109

二、持证多、跳槽多、三方机构 / 109

三、积极、满意，能承压 / 113

四、客户多，质量好，黏性高 / 114

五、坚持，独立，更主动 / 115

六、强调监管，偏保守，看好合伙模式 / 117

第四章　理财人群对专业服务的期望分析 / 119

第一节　认知差异性分析 / 121

一、需求强劲 / 121

二、选择无关经验与金额 / 122

三、性别影响需求 / 123

四、年龄越大越依赖专业 / 124

五、硕士人群更自信 / 125

六、中等收入靠自己 / 126

第二节　选择理财师服务的依据 / 127
　一、男性最看能力，女性兼顾口碑 / 127
　二、年限、证书多方兼顾 / 127
　三、博士不绝对看业绩，硕士更青睐年资 / 129
　四、高收入者看业绩、看机构 / 130

第三节　所看重的核心特质 / 132
　一、经验丰富 / 133
　二、专业度高 / 133
　三、所在机构强 / 133
　四、业绩佳 / 133

第五章　行业发展建议 / 135

第一节　对未来的认知和期待 / 137
　一、期待多元化收入 / 137
　二、线上理财被认可 / 138
　三、呼吁监管 / 139

第二节　监管建议 / 141
　一、金融风险种类 / 141
　二、我国监管进展 / 143
　三、澳大利亚两次金融服务改革 / 143
　四、监管建议 / 149

参考文献 / 153

后记 / 154

图 表 索 引

图 0-1 统计样本所在省区分布 ··· 2

图 0-2 统计样本性别占比 ·· 2

图 0-3 统计样本所在机构构成 ··· 3

图 0-4 我国投资者地域分布 ·· 5

图 0-5 我国投资者年龄构成 ·· 6

图 1-1 理财师年龄占比分布 ·· 11

图 1-2 理财师年龄样本数量分布 ··· 12

图 1-3 理财师从事理财师事业的年数 ······································· 13

图 1-4 承担管理职能的理财师占比 ·· 13

图 1-5 理财师所在机构占比 ·· 17

图 1-6 理财师前一年税前年收入分布 ······································· 21

图 1-7 理财师曾就职机构数量占比 ·· 22

图 1-8 理财师曾就职机构数量分布 ·· 22

图 1-9 理财师曾工作机构分布 ··· 23

图 1-10 理财师对所在机构产品竞争力评价 ······························· 24

图 1-11 理财师所在机构可为客户配置的金融理财产品 ············· 25

图 1-12 理财师服务客户数量分布 ·· 26

图 1-13 理财师服务客户的存续资金规模分布占比 ···················· 28

图 1-14 理财师服务客户的平均可投资资产分布占比 ················ 29

图 1-15 理财师所在机构开展理财活动次数分布 ······················· 30

图 1-16 各机构开展理财活动次数占比 ····································· 30

图 1-17 理财师服务客户中核心客户数量占比 ··························· 33

图 1-18 仅不到7%的机构提供收费理财咨询服务 ······················ 34

图 1-19 提供收费理财咨询服务的机构分布 ······························ 35

图 2-1 银行理财师收入相对低,且不满意 ········· 40
图 2-2 银行理财师工作时间长,加班多 ········· 40
图 2-3 银行理财师工作任务重,压力大 ········· 41
图 2-4 银行理财师相对自信差,离职意愿强 ········· 42
图 2-5 银行理财师工作调整的圈子相对封闭 ········· 42
图 2-6 银行理财师对大型金融机构依赖度高,创业精神不强 ········· 43
图 2-7 保险理财师收入低,客户可投金额低 ········· 44
图 2-8 保险理财师年龄、年资和学历门槛较低 ········· 45
图 2-9 保险理财师工作时长短、业绩压力轻、培训较好 ········· 46
图 2-10 保险理财师满意度较高 ········· 47
图 2-11 证券理财师年资、年龄及学历较高 ········· 48
图 2-12 证券理财师客户管理压力较大 ········· 49
图 2-13 证券理财师偏向大型金融机构雇佣模式 ········· 50
图 2-14 信托理财师年资长,收入高,机会多 ········· 51
图 2-15 信托理财师客户质量较高 ········· 52
图 2-16 信托理财师可配置的金融产品比较少 ········· 52
图 2-17 第三方机构理财师外部机会多、客户活动多 ········· 53
图 2-18 第三方机构理财师多配置私募产品 ········· 54
图 2-19 第三方机构理财师对行业监管更关注 ········· 55
图 2-20 独立理财师年资高,经验丰富 ········· 56
图 2-21 独立理财师满意度较高 ········· 57
图 2-22 独立理财师外部压力较小 ········· 57
图 2-23 独立理财师客户较为集中 ········· 58
图 2-24 独立理财师客户存续资金规模的分化 ········· 59
图 2-25 独立理财师客户平均可投金额的分化 ········· 59
图 2-26 独立理财师服务超 3 年客户占比的分化 ········· 60
图 2-27 独立理财师对于其行业有清晰认知 ········· 61
图 2-28 不同年资理财师持有理财师证书分布 ········· 63

图 2-29 不同年资理财师拥有从业资格证书分布 ················ 64
图 2-30 不同年资理财师对自己理财专业技能自信度分布 ·········· 65
图 2-31 不同年资理财师向客户推荐产品时主要考虑因素分布 ······ 65
图 2-32 不同年资理财师所在机构可选择非金融产品服务分布 ······ 66
图 2-33 随理财师年资变化客户质量的变化 ····················· 67
图 2-34 不同年资理财师所在机构每年客户活动次数分布 ·········· 68
图 2-35 随理财师年资变化对其管理需求、招聘需求的变化 ········ 69
图 2-36 随年资增长理财师对行业看法的变化 ··················· 70
图 2-37 随年资增长理财师对自身职业发展看法的变化 ············ 70
图 2-38 随年资增长理财师最希望获得的专业能力的变化 ·········· 71
图 2-39 随年资增长理财师对所在机构满意度的变化 ·············· 72
图 2-40 东部省区理财师底子较好 ····························· 74
图 2-41 东部省区理财师客户质量较高 ························· 75
图 2-42 东部省区理财师收入较好 ····························· 75
图 2-43 东部理财师产品和机构选择机会多 ····················· 76
图 2-44 中部省区理财师生存状态较差 ························· 77
图 2-45 中部省区理财师对自身满意度较低 ····················· 78
图 2-46 中部省区理财师对机构满意度较低 ····················· 78
图 2-47 中部省区理财师的客户理财意识较低 ··················· 79
图 2-48 西部省区理财师生存状态较中部地区好 ················· 80
图 2-49 西部省区理财师对所在机构评价较中部地区好 ············ 81
图 2-50 东北省区理财师整体门槛较低 ························· 82
图 2-51 东北省区理财师满意度最高 ··························· 82
图 2-52 东北省区理财师对所在机构评价较高 ··················· 83
图 2-53 东北省区理财师加班较少，对自己理财专业自信 ·········· 84
图 2-54 东北省区理财师对行业及自己职业发展看法 ·············· 84
图 2-55 东北省区理财对各方面专业能力提升需求都较强 ·········· 85
图 3-1 某大型商业银行网点营销服务岗位招聘基本要求 ·········· 89

图 3-2 理财师对所在机构内部培训的评价占比分布 ………………… 91

图 3-3 理财师是否会自费接受外部机构培训 ………………………… 91

图 3-4 对自己理财专业技能的自信度 ………………………………… 92

图 3-5 理财师自发举办的全国性理财师社群交流活动 ……………… 93

图 3-6 CFP 资格认证的发展 …………………………………………… 96

图 3-7 CFP 系列认证体系 ……………………………………………… 97

图 3-8 RFP 培训内容 …………………………………………………… 99

图 3-9 理财师机构业绩压力占比分布 ………………………………… 102

图 3-10 理财师机构业绩压力数量分布 ………………………………… 103

图 3-11 理财师对工作的满意度评价 …………………………………… 104

图 3-12 是否有离开理财师岗位想法的受访理财师 …………………… 104

图 3-13 理财师希望服务的机构 ………………………………………… 106

图 3-14 哪种线下商业模式最可能获得成功 …………………………… 107

图 3-15 对独立理财师的看法 …………………………………………… 108

图 3-16 成功理财师基本特征 …………………………………………… 110

图 3-17 成功理财师机构属性 …………………………………………… 111

图 3-18 成功理财师持有的理财师证书 ………………………………… 111

图 3-19 成功理财师可帮客户配置的金融产品 ………………………… 112

图 3-20 成功理财师可帮客户配置的非金融服务 ……………………… 112

图 3-21 成功理财师对目前机构或工作的认知 ………………………… 113

图 3-22 成功理财师客户服务特征 ……………………………………… 114

图 3-23 成功理财师向客户推荐金融产品时主要考虑因素 …………… 115

图 3-24 成功理财师对于自己职业规划的看法 ………………………… 116

图 3-25 成功理财师现阶段最希望获得的专业技能 …………………… 116

图 3-26 成功理财师认为国内理财行业需要加强的方面 ……………… 118

图 3-27 成功理财师对于行业监管和发展的看法 ……………………… 118

图 4-1 绝大多数投资者希望倾听来自专业理财师的投资建议 ……… 121

图 4-2 投资理财经验对接受专业理财服务影响不大 ………………… 122

图 4-3 投资金额与是否选择理财师服务无明显相关性 ·············· 123
图 4-4 男性与女性对待专业意见的态度差异明显 ·············· 124
图 4-5 青年、老年投资者更渴望得到专业的投资建议 ·············· 125
图 4-6 硕士投资者更喜欢自己研究市场 ·············· 126
图 4-7 收入水平与专业服务选择的关系 ·············· 126
图 4-8 不同性别投资者选择理财师的标准 ·············· 128
图 4-9 不同年龄投资者选择理财师的标准 ·············· 128
图 4-10 不同学历投资者选择理财师的标准 ·············· 130
图 4-11 不同月收入投资者选择理财师的标准 ·············· 131
图 4-12 投资者看重的理财师的核心特质 ·············· 132
图 5-1 理财师倾向的收入模式 ·············· 137
图 5-2 理财师对智能投顾的看法 ·············· 138

表 0-1 统计样本所在机构分布 ·············· 3
表 1-1 理财师持证分布 ·············· 15
表 1-2 理财师持有的从业资格证书分布 ·············· 15
表 1-3 中美理财师拥有学位分布特征 ·············· 16
表 1-4 理财师工作时间分布 ·············· 20
表 1-5 理财师服务满 3 年的客户占比 ·············· 27
表 1-6 理财师认为具有强烈理财意识的客户占比 ·············· 31
表 1-7 客户纠纷产生原因 ·············· 32
表 3-1 理财师对当前岗位去留的看法 ·············· 104
表 3-2 理财师受邀机构的来源 ·············· 105
表 3-3 不同机构理财师创业的意愿 ·············· 106

概　　述

一、样本数量分布

（一）理财师职业生态调查问卷

本次问卷调查自2017年4月30日开始，至2017年8月31日结束，历经123天，问卷总阅读量超过1.25万人次，最终共收集有效样本4597份，其中有2112个样本同时回答了可选题部分。

调研样本覆盖中国所有省、直辖市和自治区。为便于研究，本调查报告将地域分为东部省区、中部省区、西部省区、东北省区和其他省区。东部省区包括北京、天津、河北、上海、江苏、浙江、福建、山东、广东、海南10个省（市）；中部省区包括山西、安徽、江西、河南、湖北、湖南6个省；西部省区包括内蒙古、广西、重庆、四川、贵州、云南、西藏、陕西、甘肃、青海、宁夏、新疆12个省（市、自治区）；东北省区包括辽宁、吉林、黑龙江3个省；包括香港、澳门、台湾在内的其余省区划为其他省区。

本次调研面向全国理财师，各地区样本数量构成情况为：东部省区样本占比74.40%，西部省区样本占比9.83%，中部省区样本占比7.68%，东北省区样本占比5.66%，其他省区样本占比约为2.44%，详见下页图0-1。

本次调研中，理财师男女比例为38.65∶61.35，女性理财师占比超过6成，男性理财师占比近4成，如下页图0-2所示。

本次调研理财师服务的机构类型包括银行、券商、基金、期货、信托、保险、第三方财富管理机构、独立理财师工作室等专业领域的机构，如第3页图0-3、表0-1所示。

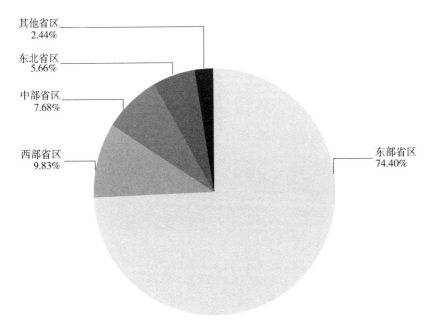

图 0-1　统计样本所在省区分布

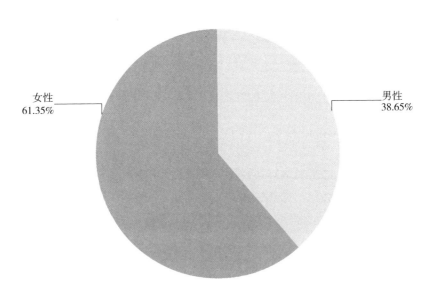

图 0-2　统计样本性别占比

概 述

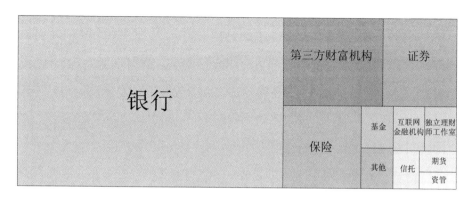

图 0-3　统计样本所在机构构成

表 0-1　统计样本所在机构分布

所在机构	数量/个	占比（%）
银行	2843	61.84
第三方财富机构	500	10.88
证券	413	8.98
保险	373	8.11
基金	82	1.78
其他	84	1.83
独立理财师工作室	80	1.74
互联网金融机构	80	1.74
信托	64	1.39
期货	43	0.94
资管	35	0.76
合计	4597	100.00

(二) 理财人群投资倾向调查问卷

为了更好地展示当前中国理财师职业化生态,征得《大众理财顾问》杂志的同意和授权,本调查报告吸收了《大众理财顾问》杂志针对我国理财人群的调研活动的部分成果。该调研在2017年3月1日~9月30日,通过网上问卷调研、邮件问卷调研、实地问卷投放等方式展开。网上问卷调查主要通过《大众理财顾问》杂志微信平台和问卷星平台发放,针对网络参与程度较高的投资理财受众;邮件调研主要针对《大众理财顾问》2017年订阅频率较高的读者;展会调研主要针对各重点区域投资理财人群,通过在主要城市举行的理财展览、行业专业会议、论坛等发放问卷,调研渠道基本覆盖我国主要投资理财人群。为避免各调研渠道样本重叠,后期数据整理过程中以"姓名+联系方式"为条件对回收的数据进行了筛选整理,以保证调研的全面、客观、准确。

经过7个月的问卷收集,网上问卷调研回收2597份,剔除无效问卷12份,有效数据为2585份;读者邮件发送问卷3462份,回收158份,剔除无效问卷6份,有效数据为152份;行业活动发放问卷361份,回收218份,剔除无效问卷13份,有效数据为205份,各渠道有效问卷共计2942份。设置"姓名+电话"比对筛选,发现58份问卷存在姓名、电话同时重复的情况,因杂志邮件发送问卷和微信公众号订阅群体存在重合的可能,同一人通过不同渠道重复提交问卷的情况也不可完全避免,加之不排除个别被访者网上问卷可能存在重复提交的情况,进一步比对,剔除重复问卷32份,最后,统计得出总样本数量为2910份。

本次调研虽在问卷设计、调研渠道、问卷筛选等方面力求客观、准确,但由于行业中类似调研众多,各统计存在调研时间节点不同、调研渠道不同、统计口径不同等问题,因此,不排除存在与相关调研统计结果并不完全一致的情况。

概　述

调研结果显示，我国理财人群分布呈现出高度集中的特点，且与经济发展程度总体呈正相关关系，如图0-4所示。经济发达地区，理财人群分布密集，经济发展稍滞后的区域，理财人群占比相应也较小。总体来看，理财人群主要集中在北京、长三角及珠三角地区，西部地区、东北地区理财人群占比不高。

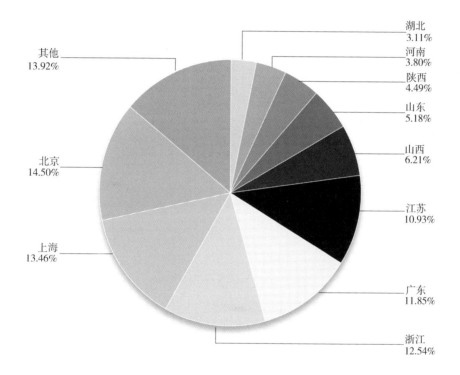

图0-4　我国投资者地域分布

理财人群占比排名前10的省市为北京、上海、浙江、广东、江苏、山西、山东、陕西、河南、湖北，总体占比接近8成，为79.16%，其中，排名前5的省市理财人群占比分别为13.32%、12.37%、11.52%、10.89%、10.04%，总体占比接近6成，达到58.23%。

调研结果显示，我国理财人群在年龄分布上呈现出明显的年轻化趋势，越来越多的年轻人加入投资理财大军，如图0-5所示。年龄在20～35岁的"80后""90后"青年是理财人群主力军，在整体理财人群的占比超过 36～55 岁中年人群，其年龄分布占比分别为 51.55% 和 42.96%。20 岁以下和 56 岁以上人群在理财人群中占比较小，两者共计 5.49%。

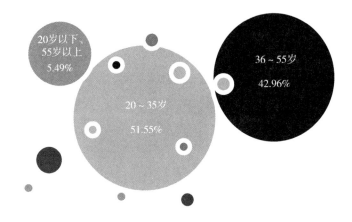

图 0-5 我国投资者年龄构成

二、分析方法

《中国理财师职业生态·2018》的研究成果来源于对中国理财师职业化发展联合论坛联合部分合作城市的理财师协会组织发起的《中国理财师职业生态调查问卷》数据，和《大众理财顾问》杂志发起的《中国理财人群投资倾向调查问卷》的部分数据。这是国内首次聚焦理财师职业生态的研究成果。

中国理财师职业化发展联合论坛（以下简称中理职联）筹备委员会对理财师调研数据按照性别、年龄、区域、理财师从业年限、收入、服务客户、继续教育等维度进行分层随机抽样，并对收到的 4597 位理财师的问卷开展研究，样本覆盖全国所有省区。同时，中理职联在北京、上海、广州、深圳、成都、温州 6 个城市开展了理财师现场交流活动，以求更广泛、深入地对该部分人群特征与需求进行研究和挖掘。

此外，我们还结合中国理财人群投资倾向调研数据，充分挖掘境内外理财师服务机构历史数据、研究成果及相关公开信息,运用大量桌面研究与数据统计分析方法,有效保证并提高了此次调研报告的客观性和可读性,有助于读者了解当下中国理财师群体的工作和生活状态,发现理财师执业过程中的环境需求,洞悉理财师职业发展的路径选择,为理财师群体乃至中国财富管理行业的持续、健康发展提供参考。

三、主要结果概要

本次调研主要结论如下:

(1) 40 岁以下理财师占比超 8 成,梯队建设初现雏形。

(2) 接近 9 成具有学士以上学位,大部分获得专业认证和多种从业资格。

(3) 理财师遍布各类金融机构,银行理财师人数占主导地位。

(4) 一半理财师需经常加班,近 7 成理财师年收入在 20 万元以下。

(5) 6 成以上理财师曾遭遇"挖角",但大部分工作更换并不频繁。超过一半的理财师希望服务于大型机构。

(6) 理财师普遍对所在机构的品牌有信心,近一半认为所在机构的产品有竞争力。

(7) 机构提供的金融产品较为丰富,增加了理财师服务客户的能力。

(8) 近 5 成理财师服务客户数量超百人,只有近 3 成理财师表示长期客户占 30% 以上。

(9) 3 成理财师资金管理总规模超亿元,5 成以上理财师所服务客户的平均可投资资产在 20 万~100 万元区间。

(10) 客户活动广泛展开,理财师正成为客户财商教育的主力军。

(11) 仅不到 7% 的机构收取理财咨询费,专业收费理财咨询服务任重道远。

(12) 学历是"敲门砖",从业资格是"门票",专业认证是"身份证"。

（13）理财师学无止境，机构普遍提供内部培训，外部学习机会受青睐。线上线下，理财师自辟学习新阵地。

（14）仅4成理财师感到自信。

（15）"这一届客户不行"，还是理财师亟须改善工作方式和习惯？

（16）不屈从考核或佣金，大部分理财师主观上更注重客户需求。

（17）理财师普遍感受到业绩压力，但大部分人能应对。

（18）对理财师岗位认知表现分化，过半理财师意欲坚守理财师岗位。

（19）约4成理财师欲创业，事务所合伙制和独立理财师工作室受青睐。

（20）独立理财师叫好不叫座，落地困难是主因。

（21）理财师期待更多元化的收入模式，理财服务咨询费或将成为新的收入方向。

（22）线上理财模式受到认可，但不会被智能投顾取代。

（23）超过6成理财师对行业具体监管措施的出台充满期待。

第一章
理财师基本特征描述

第一章 理财师基本特征描述

第一节 构 成

一、年龄梯队现雏形

我国理财师群体的展业梯队已形成。从参与本次调研的理财师年龄分布来看,40岁以下的理财师占比达到82.81%,其中26~30岁的理财师占比34.45%,而25岁以下的理财师占比不足6.35%,如图1-1、图1-2所示。

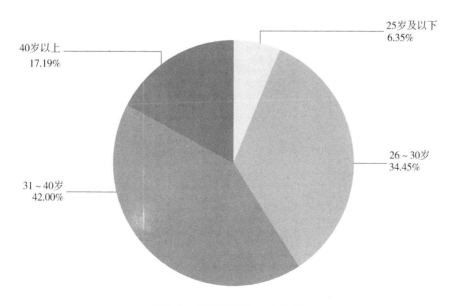

图1-1 理财师年龄占比分布

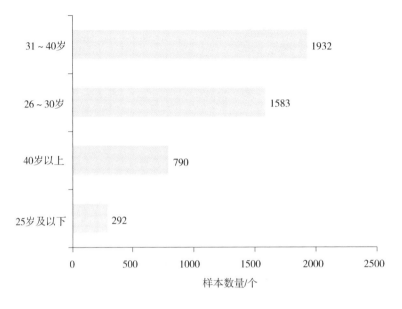

图1-2 理财师年龄样本数量分布

这一结果与欧美成熟市场的理财师年龄分布存在明显差异。以美国为例：根据美国注册金融理财师（CFP）协会2017年开展的一项样本数量为77784的调研结果显示，美国CFP执业人士的年龄从20岁到80岁跨度较大，40岁以上的执业理财师占比高达72.58%，有明显的梯队效应。而此次调研结果显示，中国理财师年龄分布相对比较集中，40岁以上的执业理财师占比为17.19%。这与行业发展的历史有一定相关性。我国财富管理行业发展时间尚短，理财师的年龄也相对比较年轻。

本次调研结果同时显示，理财师从业年限在2年以下的占20.6%，从业年限在2~5年的占34.5%，5~10年的占27.28%，10年以上的占17.62%，如图1-3所示。从业10年以上的理财师和从业不足2年的行业新兵均占相对较低比例，2~10年的理财师已经成为行业发展的中坚力量，形成了"中间大两头小"的形态。

第一章 理财师基本特征描述

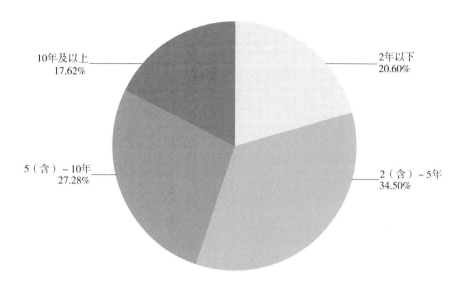

图 1-3 理财师从事理财师事业的年数

本次调研数据显示（图 1-4），约 46.9% 的理财师已经开始承担管理角色，带领团队履行所在机构赋予的职能，完成业绩指标。与大部分行业一样，作为以销售业绩为导向的理财师，在业绩高速增长的环境下极有可能被提升到管理岗位。

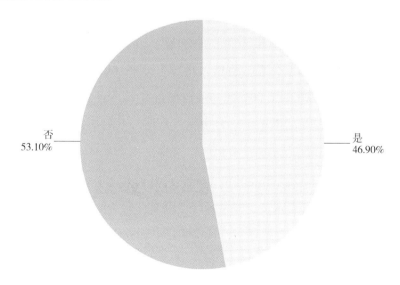

图 1-4 承担管理职能的理财师占比

以上数据表明，我国理财师队伍虽然相对年轻，但理财师队伍的梯队效应已初步形成，并呈现稳定发展的态势。相信随着中国财富管理事业的逐步发展和成熟，国内理财师服务群体执业规范性、传承性将得到快速发展，在第一代理财师的发展和带动下，中国的理财师年龄分布将日趋合理，团队梯队将更加完善，这样可更好地为客户提供服务。

与此同时，理财师在其职业发展过程中，未来将不可避免地面对"管理序列"与"专业序列"的发展选择。

二、学历高、证书全

根据本次的调研结果，接近9成理财师具有学士及以上学位。其中取得学士学位的理财师占比达到78.18%，硕士11%，博士0.29%，学士以下占10.79%。

过去10年，中国理财师认证教育得到很大发展，这类教育通常包括学习培训、认证考试、颁发证书3个环节，此类理财专业教育为中国第一代持证理财师提供了作为理财专业人员应具备的知识结构和理论基础。

本次调研结果显示，79.40%的理财师持有各种理财师证书，其中38.81%的理财师持有金融理财师证书（AFP），17.66%持有国际金融理财师证书（CFP），3.28%持有认证私人银行家证书（CPB），6.79%持有理财规划师证书（ChFP），1.50%持有注册财务策划师证书（RFP），1.20%持有特许金融分析师证书（CFA），少量人员持有CWMP、CRFA等各类证书，20.60%的理财师表示还没有经历过这样的培训和认证考试，如表1-1所示。

同时，理财师在实际展业和为客户提供专业服务时，必须拥有相关金融监管单位发放的从业资格证书，其中包括基金从业资格、保险代理人资格、证券从业资格等必备的资格证书。

参与本次调查的理财师中，95.48%的被调查人员拥有各种不同种类的从业资格证书，其中有基金从业资格证的为72.91%，保险经纪/代理人资格证64.71%，银行从业资格证53.21%，证券从业资格52.84%，注册会计师执业资格证0.96%，有4.52%的被调查者表示没有以上相关从业资格证书，如表1-2所示。

表1-1 理财师持证分布

证书类型	数量/个	占比（%）
AFP	1784	38.81
CFP	812	17.66
ChFP	312	6.79
CPB	151	3.28
RFP	69	1.50
CFA	55	1.20
EFP	39	0.85
其他	106	2.31
无以上证书	947	20.60

表1-2 理财师持有的从业资格证书分布

资格类型	数量/个	占比（%）
基金从业资格	3353	72.91
保险代理人/经纪人从业资格	2976	64.71
银行从业资格	2447	53.21
证券从业资格	2430	52.84
注册会计师职业资格	44	0.96
无以上证书	208	4.52

值得一提的是，随着高净值客户需求日益多样化，理财师自身综合服务能力的提升显得越来越重要。部分理财师除了基本从业证书外，还考取了注册会计师、律师执业资格、会计执业资格、黄金交易、期货交易等从

业证书。调研数据显示，76.28%（计数3507）的理财师持有2个以上的从业资格证书，而75.26%（计数3460）的理财师拥有2个以上从业资格，如基金从业资格、保险代理人资格、银行从业资格、证券从业资格或注册会计师执业资格。理财师群体的综合服务能力也因此得到进一步提升。

中国财富管理业自发展伊始就显示出其专业服务的特性：对从业人员的学历要求高，在各种金融服务开展过程中，要求其获得相应的从业资格；很多理财师从自身服务客户的能力要求出发，通过各种渠道学习专业知识，以此提升自身服务客户的综合能力。

财富管理是一项与时俱进的服务，不仅客户的家庭财务状况会不断改变，而且各种财税政策、社会福利制度的改变也会影响客户的家庭财务决策，因此，"活到老，学到老"成为理财师职业生涯中一个重要的标志。

在行业发展时间更长的美国，我们也看到了同样的现象：在理财师整体受教育水平上，美国理财师不仅学士学位以下从业者占比远低于中国，具有硕士、博士学位的理财师占比也显著高于中国，如表1-3所示。

而从持证方面的要求来看，中国和美国对于财富管理从业人员的资格监管都有相应的培训、认证体系。

表1-3　中美理财师拥有学位分布特征　　（单位：%）

	学士以下	学士	硕士	博士	其他
中国	10.80	78.20	10.70	0.30	—
美国	1.26	63.09	27.96	3.76	3.91

注：1. 中国的理财师样本数量为4597。
　　2. 美国理财师样本数量为77784。其他学位是指被调查理财师没有标注学位。

三、银行理财师占主导

参加本次问卷调查的理财师分别来自银行、第三方财富管理机构、保险、券商、信托，以及其他资产管理机构，少数理财师来自独立理财师工作室。其中,来自传统金融机构,如银行、券商和保险的理财师总占比接近8成(78.93%),尤其是银行理财师,人数为2843人,占比61.84%,在从业人数上居于主导地位,如图1-5所示。

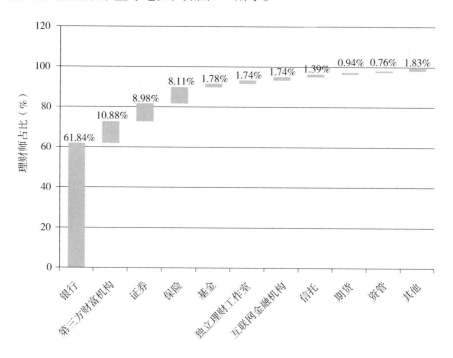

图1-5 理财师所在机构占比

在为客户提供财富管理服务的机构中,还包括信托、基金、期货等资产管理行业的理财师。这在很大程度上体现出财富管理是一项综合的金融服务,在分业经营、分业监管的中国金融监管环境下,依然有其存在和发展的巨大空间。

在银行从业的理财师依托所在机构的强大品牌和网点优势,可以为绝大多数客户提供各种金融、非金融服务产品,甚至可以为客户提供出国签证、国际金融等服务,相比其他机构具备更广的触角,这成为银行理财师广泛接触不同客户的抓手。但也正因此,在银行机构从业的理财师所承担的业务指标种类也是最为广泛的。

近年来，我国第三方财富管理机构（以下简称第三方机构）发展迅猛。据不完全统计，全国知名的大型第三方机构不下30家，其中既有海外上市机构，也有国内区域股权交易市场的挂牌机构，各种中小型第三方机构总数则超过1万家。参与本次问卷调查的第三方机构的理财师人数占比为10.88%。

目前，第三方机构所提供的产品和服务相比银行有较大差异：

第一，第三方机构提供的大部分产品都是针对特定投资者（也就是合格投资者，指那些无论对信托产品、券商资管产品，还是私募基金，都要求所在机构能够识别并承担私募产品风险的投资者）进行募集的集合类产品。而在银行，不仅针对私人银行客户提供私募型产品，还向中低端客户提供针对不特定投资者的公募型产品，资金门槛低，监管比较严格，所适用的客户群体也有所区别。

第二，与银行理财经理相比，第三方机构理财顾问的背景更加多元化，有来自银行的有较丰富经验的理财经理，也有在第三方机构、信托和券商从业多年，在私募型产品方面有较丰富经验的投资顾问，当然也有直接在第三方机构入行的，甚至可能是保险从业人员或房产中介，以及大学毕业生。

在本次问卷调查中，约1.74%的理财师目前就职于小型独立理财师工作室。独立理财师工作室是近年在国内兴起的一种服务机构类型，目前还处于非常早期的尝试阶段，要取得客户和市场的接受尚需时日，但毋庸讳言，独立理财师开始崭露头角。

从目前发展情况来看，一方面，监管层尚无明确的监管信号给予相应的支持；另一方面，独立理财师开展业务的基础客户付费咨询的行为习惯尚未养成，这两种因素在短期内无法改变，在这样的情况下，依靠销售产品佣金这种商业模式运营的独立理财师仍需要在商业模式上进行诸多尝试，突破各种限制。

本次理财师职业生态调查中，券商理财师占 8.98%，保险行业理财师占 8.11%。我们认为，实际从业人数而言，券商和保险行业应远超第三方机构，调查结果的差异可能与从业人员存在一定"自我认知"偏差有关，比如：保险从业人员更多地认为自己是"保险经纪"或者"保险代理人"；而在券商，更多的从业者依然认为自己是"投资顾问"，但我们同样认为，这并不影响此次调研的客观性，因为"自我认知"同样反映在"有多少从业者认为自己在为客户提供财富管理服务或者理财服务"上。

"理财师所在机构"作为非常重要的一个维度，调研结果呈现出很多有价值的信息，我们将在本报告第二章"理财师生存现状分析"中进一步分析和介绍。

第二节 工作环境

一、超半数理财师常加班

此次调研数据显示,超过一半的理财师经常加班,经常加班和不经常加班的理财师比例为 47.92∶52.08。

整体而言,理财师工作时长并不算特别长,大部分集中在 8~10 小时,4.35% 的理财师工作时长超过 12 小时,超过 10 小时的有 24.32%,78.49% 表示自己日常工作时长在 8 小时以上,见表 1-4。

表 1-4 理财师工作时间分布

工作时长/小时	占比(%)
6~8	21.51
8~10	54.17
10~12	19.97
≥12	4.35

这一结果与市场上普遍认为理财师工作时间长、经常加班的印象有一定差异。我们推断这一现象与理财师所在机构有极大关系。详细情况将在本书第二章加以分析。

二、多半年收入在 20 万元以下

本次调查数据显示,近 7 成理财师收入在 20 万元以下(68.9%)。只

有 8.24% 的理财师税前年收入超过 50 万元，22.86% 的理财师在 21 万~50 万元。税前年收入 20 万元以下的理财师中，44.88% 在 11 万~20 万元，24.02% 在 10 万元以下。这一结果也与大家普遍认为的"理财师以销售为导向，来钱快"的印象不符。

"操着卖白×的心，拿着卖白菜的钱"，理财师经常以此自嘲，显然不无道理。调查结果显示，高达 84.6% 的理财师对目前收入情况不满意，但其中 58.71% 的理财师表示有信心慢慢改进，而 25.89% 的理财师则希望马上得到调整，如图 1-6 所示。

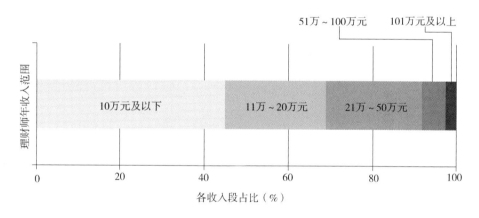

图 1-6 理财师前一年税前年收入分布

三、频遭"挖角"仍坚守

6 成以上的理财师曾遭遇"挖角"，但大部分理财师工作更换并不频繁。调研结果显示，61.60% 的理财师曾经收到其他机构的聘用邀请。结合外部环境，我们认为，其背后的原因是，行业发展环境较为宽松，各种财富管理机构如雨后春笋般发展起来，市场对有一定从业经验并拥有一定客户资源的理财师产生较高的需求，其他行业的机会正逐步成为影响理财师职业发展道路的外部因素。

大部分理财师工作更换并不频繁。调研结果显示，70.74% 的理财师仅在 1 家机构从事理财工作，20.26%的理财师曾在 2 家机构从事理财工作，不足 10%的理财师曾在 3 家以上机构从事理财工作，如图 1-7、图 1-8 所示。

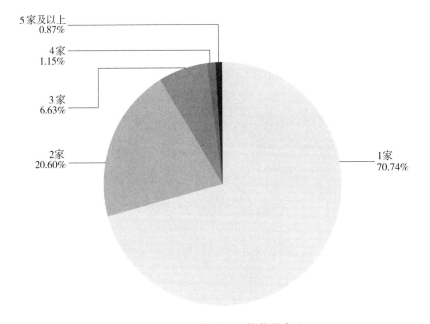

图 1-7　理财师曾就职机构数量占比

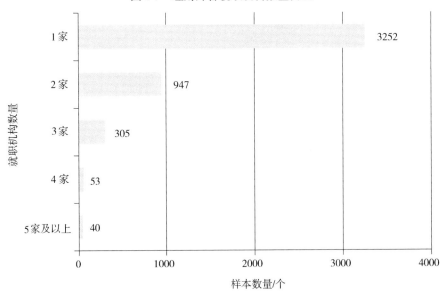

图 1-8　理财师曾就职机构数量分布

从参与本次调研的理财师曾工作的机构分布来看，71.48%的理财师曾在银行工作，13.01%曾在保险机构工作，12.36%曾在证券机构工作，9.55%曾在第三方机构工作，如图1-9所示。

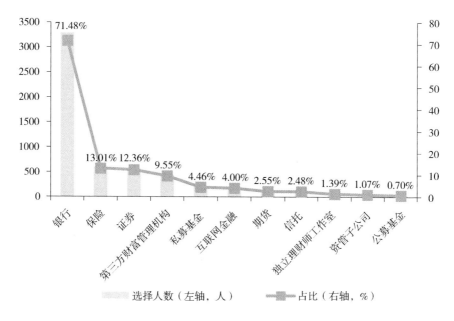

图1-9 理财师曾工作机构分布

需要注意的是，由于问卷调查人群中有61.84%的理财师来自银行，这对上述问题的样本选择会有较强的偏差效应。

四、对所在机构和品牌普遍持信任态度

理财师普遍对所在机构的品牌有信心，近半受访理财师认为所在机构的产品有竞争力。理财师对收入不满意，又频频遭遇"挖角"，但依然不愿意跳槽，其背后的原因是什么？我们认为，很大程度上是理财师对所在机构的品牌有一定信心。

本次调研结果显示，39.7%的理财师认为自己所在机构的品牌效应较好，50.52%认为所在机构的品牌形象正在建立过程中，而且自己能够参与

到机构品牌形象的建设过程中去,仅有9.78%认为所在机构的形象对自己开展工作有负面影响,如图1-10所示。

与此同时,44.92%的理财师认为所在机构的产品有较强竞争力,而认为所在机构产品竞争力一般和较弱的比例分别为47.51%和7.57%,如图1-10所示。

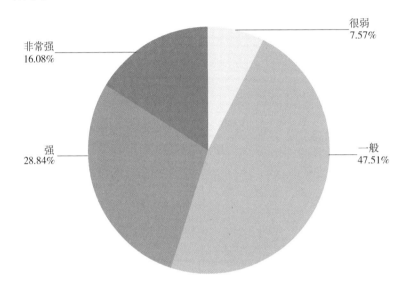

图1-10 理财师对所在机构产品竞争力评价

五、有丰富产品支撑

机构提供的金融产品较为丰富,增加了理财师服务客户的能力。经过多年的培育,理财师所在的行业机构可为客户提供较为丰富的金融产品,这些产品覆盖面从高到低的顺序依次为:保险(80.32%)、固定收益类信托及资管计划(73.02%)、银行理财产品(72.54%)、公募证券投资基金(65.06%)、私募证券投资基金(48.01%)、私募股权投资基金(35.90%)、证券期货交易产品(19.04%),以及其他可投资产品,甚至还有一些小众的贵金属交易平台、艺术品投资等另类投资品种,如

图 1-11 所示。

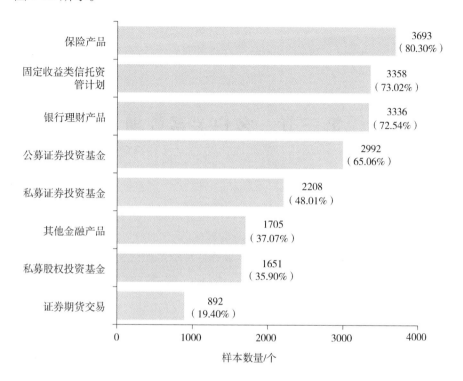

图 1-11　理财师所在机构可为客户配置的金融理财产品

第三节　客户关系管理

一、客户多，黏性低

调研数据显示，近5成的理财师服务客户数量超过100人，13.18%的理财师服务客户数量为51~100人，如图1-12所示。

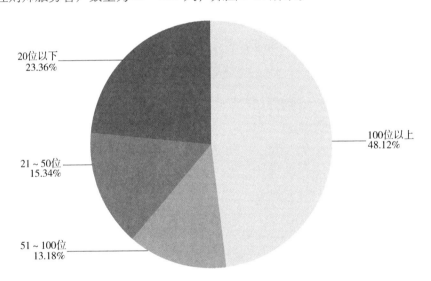

图1-12　理财师服务客户数量分布

在接受调研的理财师中，对于服务年限为3年及以上的客户，只有29.89%的理财师占比为30%以上，其中3年以上客户超过一半的占16.47%；约有23.49%占比为11%~30%；约有19.95%占比不到10%，如表1-5所示。这一结果说明大部分被调查理财师服务的客户长期黏性并不是很强。

表1-5 理财师服务满3年的客户占比

3年以上的客户占比	理财师占比（%）
10%及以下	19.95
11%~30%	23.49
31%~50%	13.42
51%以上	16.47

这一现象背后的原因是多方面的：首先，有26.67%的受访理财师工作尚未满3年；其次，"以产品销售为导向"的服务模式在一定程度上使整个行业满足的更多是客户的交易需求或者是服务提供方和客户双方的交易需求，这种模式显然制约了对长期客户的培养，也制约了理财师对客户产生足够的影响力和黏性。

二、潜在需求挖掘初见成效

3成理财师服务客户的资金管理总规模超亿元，5成以上理财师服务的客户平均可投资资产在20万~100万元区间。

尽管调查数据显示出理财师群体客户黏性不强，但近3成理财师管理的客户存续资金管理规模在1亿元以上，其中存续资金管理规模在1亿~5亿元、5亿元以上的理财师分别占比22.69%、8.07%；存续资金管理规模在5001万~1亿元的理财师占比为12.38%；2001万~5000万元的有19.47%；2000万元以下的占比37.39%，如下页图1-13所示。

客户管理规模一方面取决于服务客户的数量；另一方面与客户平均资产管理规模、客户需求挖掘程度有关。

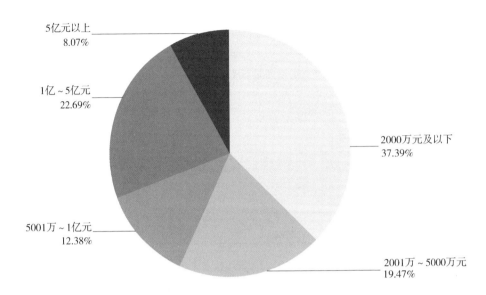

图 1-13　理财师服务客户的存续资金规模分布占比

根据上市公司数据显示，2016年年末各银行私人银行客户户均管理资产为：招商银行2798万元、上海银行1976万元、浦发银行1842万元、工行1726万元、中信银行1487万元、兴业银行1432万元、建设银行1340万元、农业银行1169万元、中国银行1048万元、光大银行915万元。资产规模在2000万元以上的客户成为各大财富管理机构和渠道积极经营的目标客户。

然而，本次调研数据显示，31.59%的被调查理财师客户平均可投资资产在100万元以上，虽然无法确定是否是同样一批理财师（总资产管理规模超亿元），但基本可以推断，约3成理财师在高净值客户的深度需求方面取得了不错进展。但我们同时也看到，大多数理财师管理的单客平均可投资资产在21万～100万元，占比达到50.73%，其中客户平均可投资资产在21万～50万元的占比达27.45%，接近3成；而在51万～100万元的客户占比相比略有降低，为23.28%，如图1-14所示。

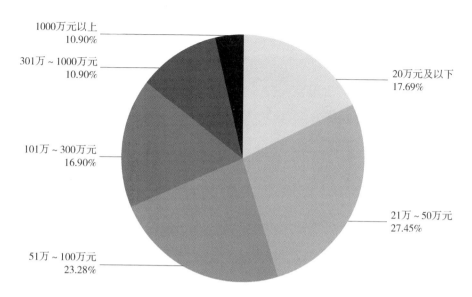

图1-14 理财师服务客户的平均可投资资产分布占比

改革开放30多年来，我国在一定程度上实现了"藏富于民"，居民储蓄大幅上升，在这样的环境下，财富管理行业大有可为。然而，过去10年，虽然行业实现了从0到1的突破，但在服务的专业性、质量、客户需求的挖掘等方面，依然有极大的提升空间。

三、重视财商教育

目前，理财服务机构普遍重视与理财客户的现场沟通，多通过举办一些市场活动增强客户对所在机构的了解。从调研情况来看，所有受访理财师所在机构都开展客户活动。其中每年开展10次以上（平均每季度2.5次）的机构占比为15.08%，5~10次的占29.72%，5次以下的占55.21%，见下页图1-15。各类型机构开展客户活动的情况见下页图1-16。值得一提的是，理财师正在成为大众财商教育的主力军。

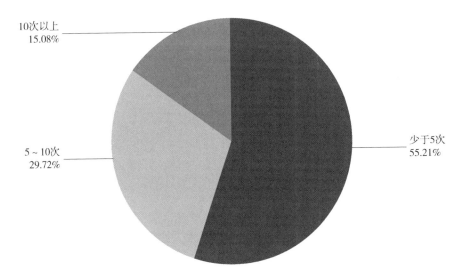

图1-15 理财师所在机构开展理财活动次数分布

注：样本数量4597。

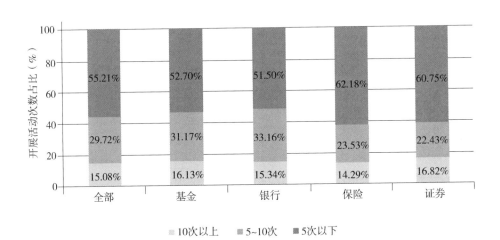

图1-16 各机构开展理财活动次数占比

四、工作方式须升级

本次问卷调查了受访理财师的客户群体中理财意识较强的客户占比，并用极低（占比10%以下），较低（占比10%~30%），一般（占比30%~50%），较好（占比50%以上）来分别对应描述。

调研结果显示，约4成受访理财师表示在自己服务的客户中，仅有11%~30%的客户具有较强的理财意识；只有不足10%的受访理财师认为自己服务的客户中具有较强理财意识的客户占比超过50%，如表1-6所示。

表1-6 理财师认为具有强烈理财意识的客户占比

有较强理财意识的客户	理财师占比（%）
10%及以下	34.13
11%~30%	39.26
31%~50%	16.86
50%以上	9.75

也就是说，受访理财师普遍认为客户的理财意识不强。认为客户理财意识极低的理财师占34.13%，较低的占39.26%，一般的占16.86%，而认为客户群体中理财意识较好的占9.75%。

"这一届客户不行"还是理财师亟须改善工作方式和习惯？何谓"理财意识不强"？在调研过程中，另一组数据提供了答案。

样本中，2108位受访理财师回答了"客户纠纷的主要原因是什么"这一问题，其中44.45%的受访理财师认为理财业务纠纷的原因是"客户对理财产品认知的偏差问题引发的"；而认为原因是"由于理财师业务误导销售问题引发的"占比近3成（约为27.42%）；"由于产品管理人的能力或诚信问题引发的"占比近 2 成（约为 16.03%）；"由于金融产品设计问题引发的"占比近 1 成（约为 9.2%），如表 1-7 所示。

表1-7 客户纠纷产生原因

引发投诉	占比（%）
客户对理财产品认知的偏差问题	44.45
理财师业务误导销售问题	27.42
产品管理人的能力或诚信问题	16.03
金融产品设计的问题	9.2
其他	3.1

注：样本数量2108。

无独有偶，2017 年上海市质量协会用户评价中心和上海金融理财师协会联合完成的《公众金融理财行为社会调查报告》中指出：8.9% 的公众在进行金融理财活动过程中遇到纠纷，而发生纠纷后，大部分公众会向提供该产品或服务的金融机构进行投诉，也有相当部分公众会向当地工商部门或当地人民银行投诉。而从最终的申诉维权结果来看，有 25.3% 的公众诉求得到满足，主要集中在高学历人群；仍有 24.2% 的公众申诉诉求被忽视，主要集中在低收入低学历高年龄（两低一高）人群。同时，在同一份报告中，"两低一高"客户群体提出了看不懂产品说明书、无法辨识金融机构中的专业理财师、对理财经理的服务能力认同较低等问题。显然，当前的金融产品和服务的复杂性确实使弱势群体感到无所适从。

另一组数据则显示，约 75.12% 的理财师认为在自己服务的客户中，核心客户占比 20% 以下，与此相对应的是，仅有 7.59% 的理财师认为自己的核心客户占比达到 50% 以上，如图 1-17 所示。理财师自认的核心客户是一个更为主观的观点，但我们从中可以看到理财师对自身的客户也同样有要求和标准。

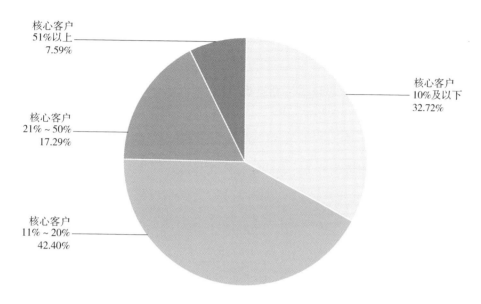

图 1-17　理财师服务客户中核心客户数量占比

所谓核心客户，其基础是理财师和客户之间彼此的信任。这一方面需要理财师在服务客户过程中有更为专业的工作方式和习惯，认真做好 KYC（了解你的客户）和 KYP（了解你的产品），以专业服务价值获得客户的信赖；另一方面也同样需要客户能把自身的实际情况和问题与理财师进行认真的交流，而不只是指令式地要求理财师提供产品。当然，作为服务提供方，理财师更应该从专业的角度，主动深入了解客户的具体情况，发现并帮助客户解决问题。

一般一个核心客户的信任建立到深度服务和关系管理至少需要 3~5 年时间，甚至需要经历过经济周期的考验。在财富管理行业发展早期，核心客户的形成主要靠是否有良好的购买体验和投资产品收益率是否达到预期，理财师的竞争力往往依赖于平台的资产管理能力和规模，细致、周到和花样百出的个性化增值服务仅仅是锦上添花及增加黏性和信任度的方式，并不构成理财师个人的财富管理核心竞争力。而未来，理财师自身的工作方式和习惯，以及在工作中不断学习和磨炼自身的财富管理核心能力，才是改变现状的唯一路径。

五、专业咨询收费服务任重道远

整体而言，如图1-18所示，仅6.73%的受访理财师表示所属机构向客户提供收费的理财咨询业务，其中银行占比最低，仅3.13%的银行受访理财师表示向客户提供收费的理财咨询服务。在其他机构中，向客户提供收费理财咨询服务的占比从高到低分别为独立理财师工作室（33.75%）、证券公司（26.39%）、基金公司（14.63%）、第三方财富管理机构（8.8%）、保险公司（6.43%），如下页图1-19所示。

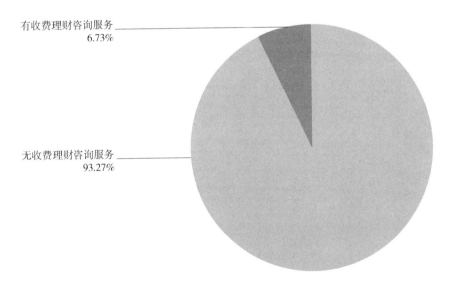

图1-18　仅不到7%的机构提供收费理财咨询服务

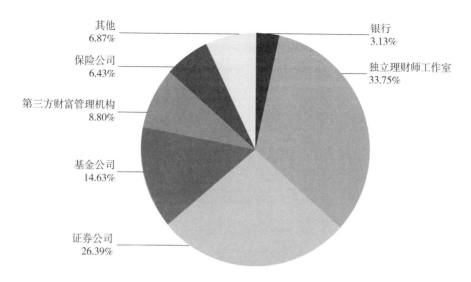

图 1-19　提供收费理财咨询服务的机构分布

第二章
理财师生存现状分析

第二章 理财师生存现状分析

第一节 不同机构理财师生存现状差异分析

一、银行理财师实际境况和形象反差大

银行理财师人数众多,年龄和年资分布较为合理,学历水平普遍较高,普遍持有各类从业资格证书和专业理财师认证证书,银行金融产品和非金融产品也较为丰富,堪称中国理财师中的主力军。然而,在此次的理财师职业生态调研工作中我们也发现了一些较为普遍的问题,与平时公众心目中银行理财师的"光鲜形象"产生了较大反差。具体表现为:

(1) 收入低。银行理财师年收入 20 万元以下的比例超过 3/4,是所有机构中最高的;而其对收入表示"不满意,希望马上调整"的比例高达 31.69%,也远超其他机构,如下页图 2-1 所示。

(2) 加班多。银行理财师平时工作时长 10 小时以上的占比达 29.9%,是所有机构中最高的。经常加班比例高达 56.42%,也是所有机构中最高的,如下页图 2-2 所示。

(3) 任务重。银行理财师表示所在机构业绩指标"压力大不堪重负"的比例高达 32.22%,远超其他机构;其在回答向客户推荐产品时考虑的主要因素中,"所在机构考核要求"的比例高达 78.13%,也远超其他机构,如第 41 页图 2-3 所示。

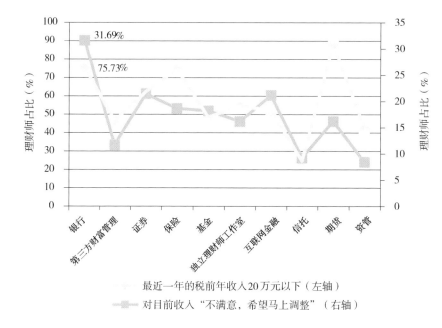

图 2-1 银行理财师收入相对低，且不满意

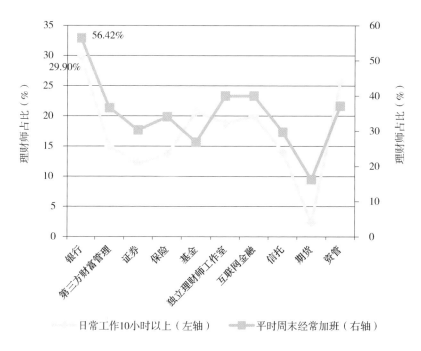

图 2-2 银行理财师工作时间长，加班多

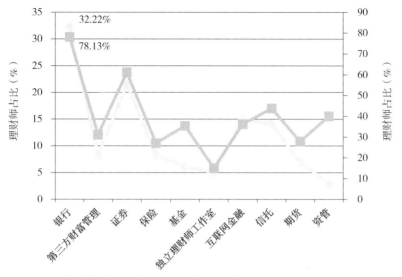

　　所在机构业绩指标"压力大不堪重负"（左轴）
　　向客户推荐金融产品时首要考虑因素包含"所在机构的营销考核要求"（右轴）

图 2-3　银行理财师工作任务重，压力大

多重因素交织，导致银行理财师自信度较低，离职意愿强烈。具体表现为：

（1）自信度低。银行理财师对于机构产品竞争力表示"一般"和"很弱"的比例高达 63.14%，远超其他机构；而对于理财师自己专业能力的自信性，其表示"一般"和"缺乏自信"的比例也高达 64.89%，高于其他机构，如下页图 2-4 所示。

（2）离职意愿强。银行理财师"有离开理财岗位"想法的比例高达 60%，远超其他机构，见下页图 2-4。

但是，银行理财师的跳槽频率不高（曾工作过机构为 2 家的比例高达 96.97%），且跨行业调整较少（曾工作过的机构同为银行的比例高达 98.45%），其工作调整的圈子相对封闭，如下页图 2-5 所示。

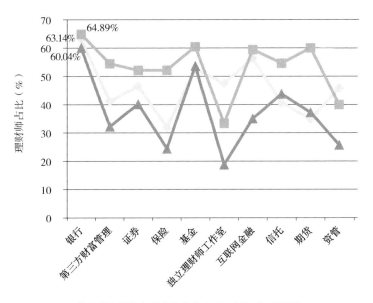

图 2-4　银行理财师相对自信差，离职意愿强

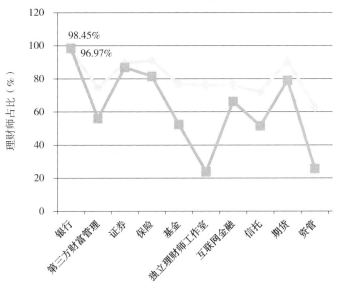

图 2-5　银行理财师工作调整的圈子相对封闭

银行理财师往往想法很美好，但最终还是希望在圈子内部工作（选择大型金融机构的比例高达 55.6%），创业精神不够强（有创业想法的人不足 1/3），如图 2-6 所示。

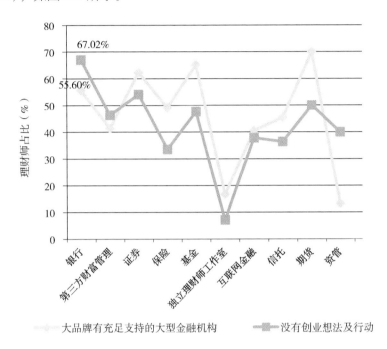

图 2-6　银行理财师对大型金融机构依赖度高，创业精神不强

总体而言，目前银行理财师整体士气较为低迷。但是银行理财师的整体教育背景良好，素质较高，客户数量明显较多，管理的客户资金规模总体也较大。我们认为，银行理财师若打破原有封闭的职业路径，提高自身财富管理核心能力，充分挖掘客户需求，提高核心客户占比，在产品筛选上以客户需求为导向，使其服务更具个性化，则银行理财师的服务能力和收入水平均可得到较好的提升，一改目前的低迷状况。

二、保险理财师自得其乐

与银行理财师不同的是，保险理财师低收入占比也较高，且客户数量和质量都相对较低,但由于从业门槛相对较低,采取了弹性工作时间制,且普遍注重营销培训,其对机构满意度较高。总体来看,保险理财师呈现出收入低、客户质量低、门槛低、满意度较高的特点。

(1)收入不高,所接触的客户财富金额较低。"过去一年收入在10万元及以下"的保险理财师占比达38.07%,仅次于期货公司(48.84%,其样本总数为45,偏低),远远超过其他机构。高达81.5%的保险理财师目前维护的客户存续资金规模在1000万元以下。57.64%的保险理财师维护的客户平均可投资金额在20万元以下,客户可投金额在100万元以下的保险理财师占比高达90.35%,远远高于其他机构,如图2-7所示。

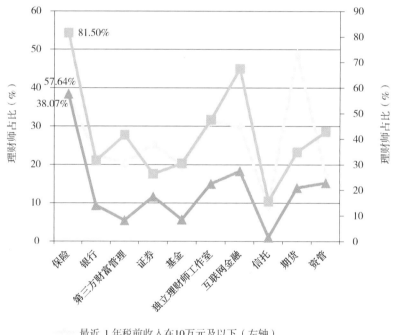

图2-7 保险理财师收入低,客户可投金额低

（2）保险理财师门槛相对较低，具体表现在年资较低，年龄较大，学历较低，如图2-8所示。

第一，年资低。从业年资在2年以内的保险理财师占比高达34.32%，在所有机构中最高；从业年资在5年以内的保险理财师占比高达64.08%，仅次于基金行业（70.73%），但大幅高于其他行业。工作尚未满3年的保险理财师比例高达46.65%，也远远高于其他机构。

第二，年龄大。保险理财师年资虽然偏低，但是年龄却偏高。41岁以上保险理财师占比达27.61%，为所有机构最高；31岁以上的保险理财师占比达75.33%，仅次于资管子公司（77.14%，但是该行业总样本数只有35个，偏少）。

第三，学历低。大专及以下保险理财是占比较高，达39.41%，远远超过其他机构。

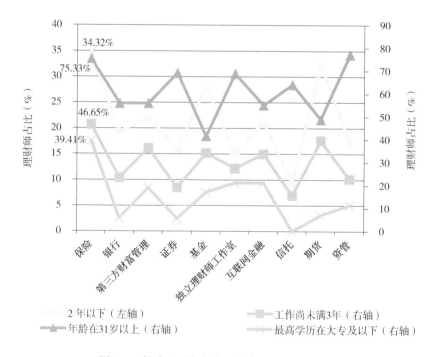

图2-8 保险理财师年龄、年资和学历门槛较低

（3）保险理财师工作时长短，业绩压力一般，内部培训好，如图2-9所示。"日常工作中每天一般工作时长"低于8小时的保险理财师占比达53.89%，远高于其他机构。对于机构业绩压力，14.75%的保险理财师选择了"没什么压力"，仅低于独立理财师（37.5%）。仅有8.31%的保险理财师选择了"压力大不堪重负"，大大低于银行和证券理财师（32.22%和21.55%）。而对于机构内部培训的评价，52.01%的保险理财师评价甚高，认为"经常提供培训，对实际工作有帮助"，这一比例仅次于期货。

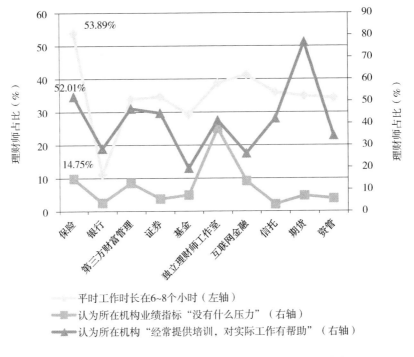

图2-9 保险理财师工作时长短、业绩压力轻、培训较好

综合以上分析可以看出，保险理财师对于所在机构的满意度显著高于其他机构，想离开理财师行业的比例也较低，显示出较高的自信心。下页图2-10显示的调研结果也表明了这一特点。具体而言，有60.86%的保险理财师认为所在机构品牌"非常好，有利于自己工作"；只有3.79%的保险理财师认为所在机构品牌"不太好，对自己工作有负面影响"。这两项数

据都远远好于其他机构。

而对于所在机构产品的竞争力方面,35.39%的保险理财师表示"非常强",表示"非常强"和"强"的保险理财师之和达到了68.10%,都远高于其他机构。

另外,保险对目前工作的表示"很满意"的比例达到了24.40%,远高于本次调查总样本11.83%的比例。而"希望离开理财师岗位"的保险理财师只占15.00%,远低于本次调查总样本43.60%的比例。

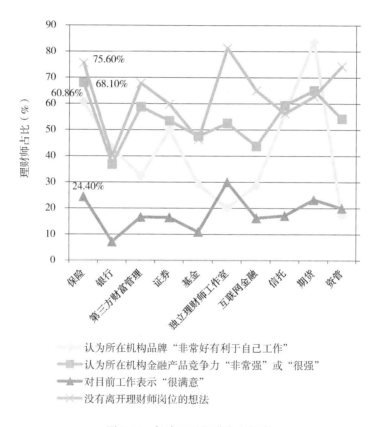

图 2-10 保险理财师满意度较高

综上所述,虽然保险机构理财师收入水平和客户质量都不算高,但是由于从业门槛相对较低,且培训得当,保险理财师对所在机构的满意度普遍较高，也较少考虑离开理财师岗位。

三、证券理财师向往大机构

总体而言，证券行业理财师学历高，经验丰富，客户服务压力大，向客户提供的主流非金融产品为"融资服务"，相对其他机构理财师更偏好大型金融机构雇佣制模式。

具有硕士学位的证券理财师占比达20.82%。年龄较高者占比大，41岁以上证券理财师占比26.15%。从业年数5年以上的比例达到了67.07%。上述数据都是几个大样本机构中显著较高者，如图2-11所示。

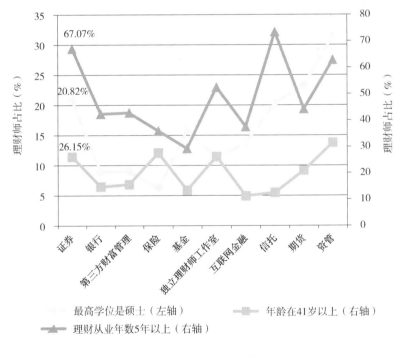

图 2-11 证券理财师年资、年龄及学历较高

（1）证券理财师服务的客户数在100个以上的占比达54.96%，但认

为核心客户数占比小于10%的理财师占比也高达41.16%。而与此相对应的是，其表示所在机构业绩考核"压力大不堪重负"的比例高达21.55%，说明证券理财师客户服务压力较大，如图2-12所示。

（2）证券理财师向客户提供的主流非金融产品为"融资服务"，选择该类别的理财师占比达84.2%，显著高于其他机构，如图2-13所示。

（3）在"哪种线下理财商业组织形式最可能成功"和"认为最合适自己的机构"选择上，证券理财师选择"雇佣制"和"大型金融机构"的比例显著高于其他机构，分别达到了19.18%和62.33%，如下页图2-13所示。

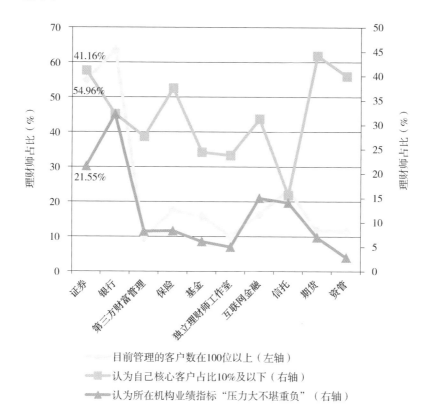

图2-12 证券理财师客户管理压力较大

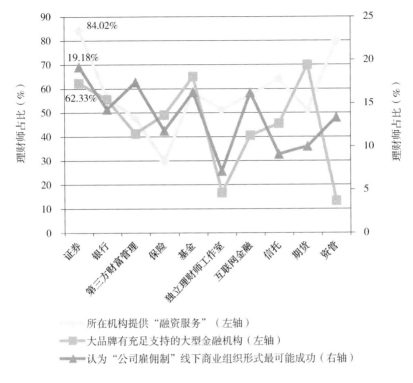

图 2-13 证券理财师偏向大型金融机构雇佣模式

四、信托理财师回报高

综合各方面指标来看，信托公司理财师商业回报最高：年资较长，收入较高，外部招聘机会也较多。另外，其客户质量也较高：客户存续资金规模大，客户平均可投金额也大。但是，信托理财师能提供的产品相对单一，主要集中于固定收益产品。

（1）从事理财行业 5 年以上的信托理财师占比高达 73.4%；过去一年收入超过 50 万元的信托理财师占比达到 45.31%；而接收到外部理财机构招聘邀请的比例也高达 84.38%。40.62% 的信托理财师对自己的收入表示"满意"。这几项比例都是各机构中最高的，如下页图 2-14 所示。

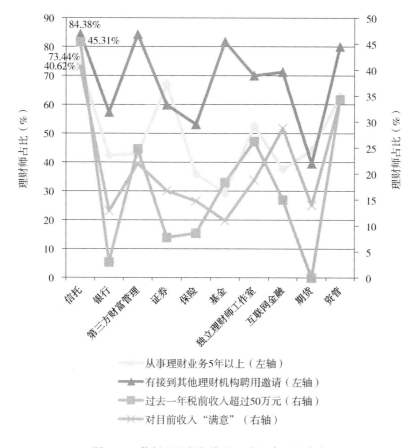

图 2-14 信托理财师年资长，收入高，机会多

（2）信托理财师客户质量非常高。维护的客户存续资金规模在 1 亿元以上的信托理财师占比达 51.56%，而客户平均可投金额在 300 万元以上的信托理财师比例高达 64.07%，如下页图 2-15 所示。这两项数据也是各机构中最高的。

（3）由于信托公司产品主要集中于固定收益产品（占比 95.32%），其产品类别相对较少（私募证券比例为 57.82%，私募股权比例为 64.05%，保险比例为 39%，这项个比例明显低于第三方机构），也相对制约了信托理财师的业务发展，如下页图 2-16 所示。

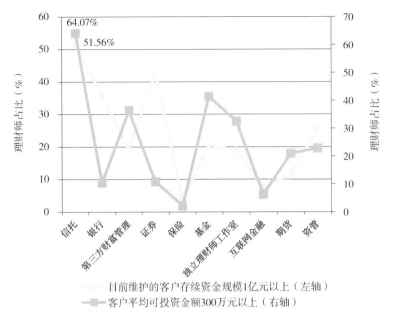

图 2-15　信托理财师客户质量较高

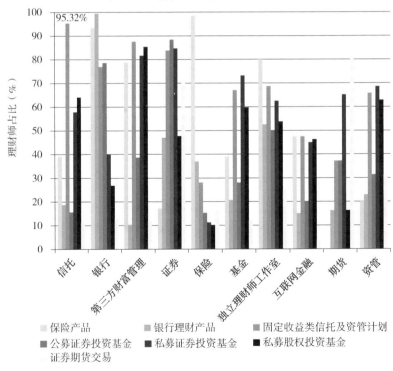

图 2-16　信托理财师可配置的金融产品比较少

五、第三方机构理财师最活跃

第三方机构是近几年崛起的新兴财富管理机构,在中国财富管理行业的地位日益凸显。由于发展迅猛,该类机构对理财师的招聘需求较大,开展客户活动也更积极。但因为属于新兴行业,难免鱼龙混杂,第三方机构理财师对于加强行业监管显然更为关注。

(1) 第三方机构理财师收到其他财富机构招聘邀请的比例高达84.20%,仅次于信托公司理财师(84.38%),远高于总样本61.58%的评价比例,如图2-17所示。

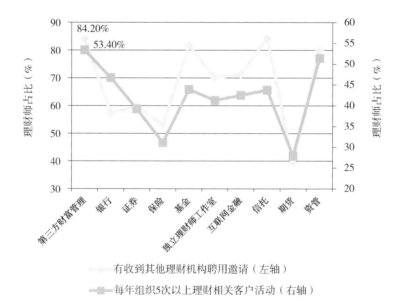

图2-17 第三方机构理财师外部机会多、客户活动多

(2) 每年开展理财相关的客户活动10次以上的比例高达24.6%,5次以上的高达53.4%,都高于行业平均水平,说明第三方机构理财师更重视组织理财业务相关客户活动。

(3) 第三方机构理财师可配置的金融产品主要为私募类产品(私募证券、私募股权、固定收益信托及资管计划),每类产品均有80%以上的理财师选择"属于机构可配置金融产品",明显高于其他机构,如图 2-18 所示。

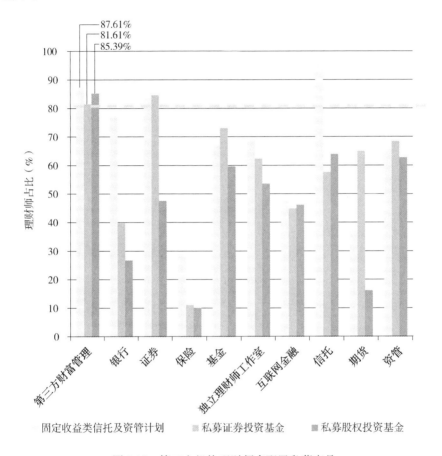

图 2-18　第三方机构理财师多配置私募产品

(4) 由于第三方理财属于新兴领域,机构鱼龙混杂,一直没有明确的监管部门,理财师对于监管的关注度较高,且更关注理财师的监管。一方面,第三方机构理财师认为目前对于理财行业的"监管已经比较到位"的比例只有 13.57%,仅高于独立理财师工作室(7.14%);另一方面,第三方机构理财师认为需要对理财行业全面监管的比例大大高于其他机构(包括理财师从业资格、执业监管、信息披露、机构准入和行业自律),选择要对各项加强监管的比例几乎都高于 60%,如下页图 2-19 所示。

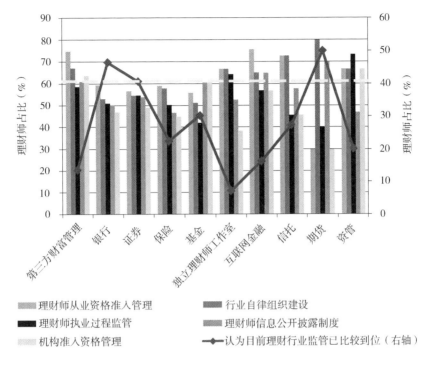

图 2-19　第三方机构理财师对行业监管更关注

六、独立理财师最成熟

独立理财师是国内新兴的理财师群体，虽然本次调查样本数量只有 80 个，但我们认为其数据基本反映了现状。总体而言，独立理财师成熟度高，多采取自雇模式，或行业经验丰富，或直接从别的领域切入财富管理行业，外部压力不大，工作的满意程度较高，向客户提供的产品类别丰富。由于直接面对市场，其对行业有较为清晰的认知，自身收入和客户黏性也呈现一定的分化。

（1）独立理财师中年龄在 31 岁以上的占比达 68.75%，从业年限 5 年以上的占比 52.5%，都属各类机构中较高者（下页图 2-20），说明其从业者经验较为丰富。

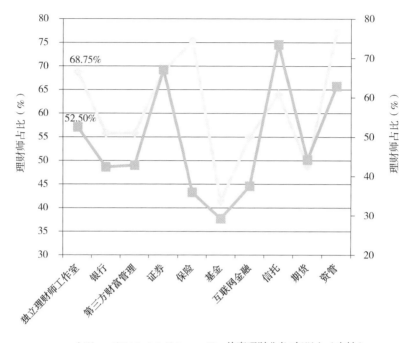

图 2-20 独立理财师年资高,经验丰富

(2) 独立理财师对于目前的收入和工作都呈现较为满意的状态,如下页图 2-21 所示。独立理财师收入水平呈非常平均分布态势。对收入表示"满意"的独立理财师比例为 18.75%,在各类机构中属于中上。

(3) 独立理财师对目前所在机构业绩要求表示"没什么压力"的比例高达 37.5%,而表示"压力大不堪重负"的比例只有 5%,见下页图 2-21、图 2-22。在向客户推荐产品时,只有 15% 和 6.25% 的独立理财师表示会受"所在机构营销考核要求"和"产品佣金高低"影响,如下页图 2-22 所示。对目前工作表示"满意"和"较满意"的占比为 68.75%,上述比例都非常明显优于其他机构,说明其外部压力较小和内心满意度较高。

第二章 理财师生存现状分析

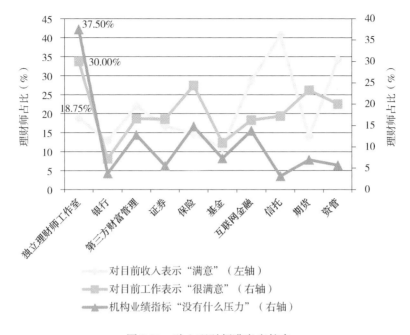

图 2-21 独立理财师满意度较高

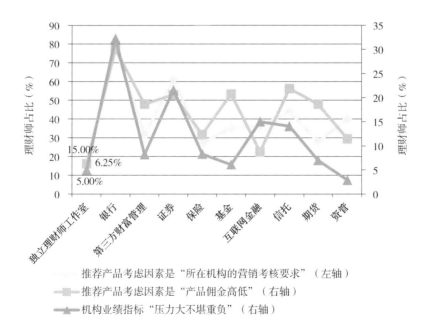

图 2-22 独立理财师外部压力较小

(4）独立理财师可提供的金融产品和非金融产品服务都比较丰富，各项产品的选择比例几乎都有50%以上，明显较其他机构更为丰富。独立理财师对保险产品的选择达到了80%，这一比例仅次于保险和银行。而在非金融产品方面，除融资服务外，其他服务的供应明显高于其他机构。

（5）在客户服务方面，独立理财师客户数较为集中。56.25%的独立理财师表示客户数在20位以下，50位以下的比例也达到了81.25%，说明其客户数量普遍不多且集中度较高，如图2-23所示。

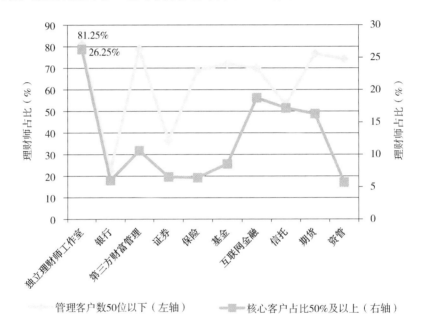

图2-23　独立理财师客户较为集中

（6）独立理财师客户存续资金规模1000万元以下的比例达47.5%，客户平均可投资金额在20万元以下的比例也达到了22.5%，都在各家机构中属较高者。但是存续规模1亿元以上的比例及客户平均可投资金额300万元以上的比例都不低（前者是18.75%，后者是32.5%），也属于较高者，说明独立理财师的客户质量存在分化，如下页图2-24、图2-25所示。

第二章 理财师生存现状分析

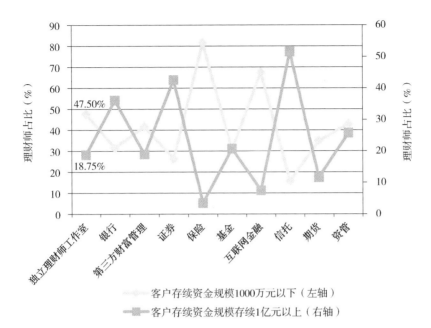

图 2-24 独立理财师客户存续资金规模的分化

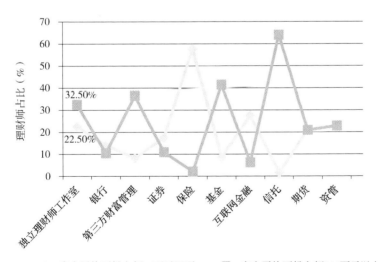

图 2-25 独立理财师客户平均可投金额的分化

59

（7）从图2-26可以看到，认为核心客户占比50%以上的独立理财师比例达到了26.25%，是所有机构中最高的。但是在服务客户的年限方面，从图2-26来看，认为"服务超过3年以上的客户占比"10%以下的和50%以上的比例都比较高，分别达到了27.5%和26.25%，也都是各家机构占比最高的，说明在客户黏性方面，其也存在一定的分化。

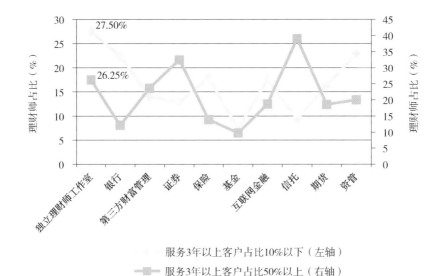

图2-26 独立理财师服务超3年客户占比的分化

（8）独立理财师对于自身及所在行业有较为清晰的认知。75.61%的独立理财师认为"独立理财师的市场需求已经很大，只是有能力服务的理财师尚少"；71.43%的理财师认为自己最合适"小而美的精品财富管理公司"；66.67%的理财师对自己的理财专业技能表示"很自信"，这些比例都大大高于其他机构，如下页图2-27所示。

第二章 理财师生存现状分析

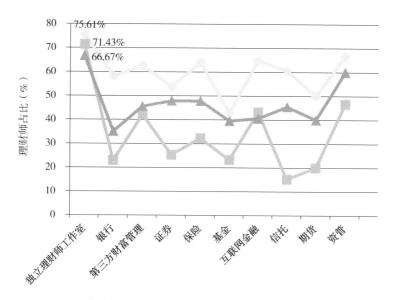

图 2-27 独立理财师对于其行业有清晰认知

第二节 不同年资理财师生存现状差异分析

一、年资越长越吃香

理财师是一个讲究行业经验的工作，随着从业年限的增长，理财师的能力会不断提升，机构对于高年资的理财师也有更高的期许。在专业理财能力、客户服务质量、收入水平、所在机构需求程度上，从调研数据均能很明显地看到这种变化。

理财师的专业理财能力可以从其持有的理财及从业证书、专业自信度、产品推荐时的判断能力和可提供的非金融产品服务能力等方面认知。

（1）随着理财师年资的增长，其持有的理财及从业证书有非常明显的增加。这种增加不仅体现在证书数量上的变化上，也体现在单一证书持有占比的增加上，如第63页图2-28、64页图2-29所示。

（2）随着年资的增长，理财师对自己理财专业能力越来越自信，在向客户推荐产品时，也更倾向于用自己的认知和对市场的判断给客户建议，而不是听从客户的直接要求。而面对机构的考核要求和产品的佣金高低，理财师在初始从业阶段（年资5年以下）考虑这两个因素较多，进入更高从业阶段后，其行为模式受这两类因素的影响明显下降，如第65页图2-30、图2-31所示。

第二章 理财师生存现状分析

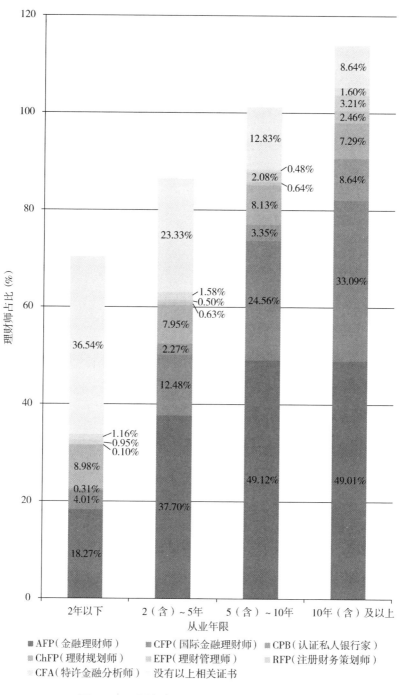

图 2-28 不同年资理财师持有理财师证书分布

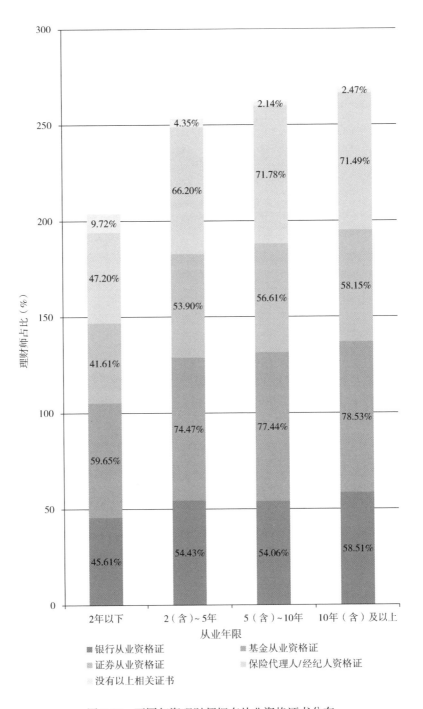

图 2-29 不同年资理财师拥有从业资格证书分布

第二章 理财师生存现状分析

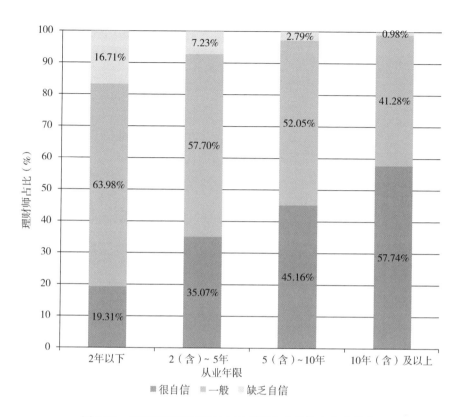

图 2-30 不同年资理财师对自己理财专业技能自信度分布

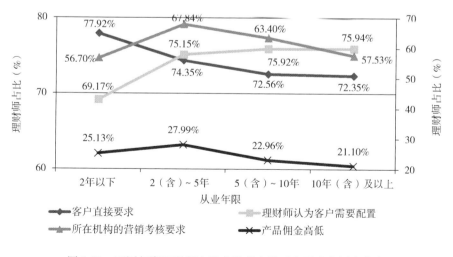

图 2-31 不同年资理财师向客户推荐产品时主要考虑因素分布

（3）随着年资的增长，理财师主动或被动选择所在机构非金融服务的要求也会增加。这一特点在调查样本中呈现出较为明显的趋势变化，如图2-32 所示。

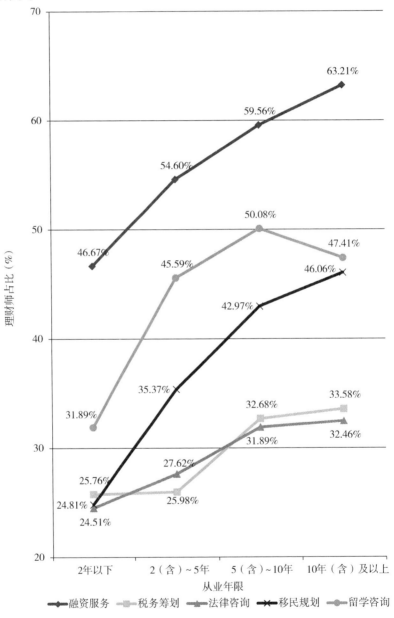

图 2-32 不同年资理财师所在机构可选择非金融产品服务分布

理财师的客户服务质量可以从客户数量、核心客户比例、客户存续资金规模、客户平均可投金额、客户黏性、强理财意识客户比例等方面认知。调研数据显示，随着理财师年资的增长，其上述 6 个方面呈现出明显的优化迹象。

（1）客户数量方面，随着理财师年资的增长，其服务的客户数量呈现明显的先增长，后压缩现象。增长的转折点出现在 10 年年资阶段，说明从业 10 年之后的理财师开始倾向于压缩自己的客户数量，并提升客户质量。

（2）不论是核心客户比例、客户存续资金规模、客户平均可投金额、服务超 3 年以上客户占比，还是强理财意识客户比例，随着理财师年资增长，都出现了明显的提升，如图 2-33 所示。

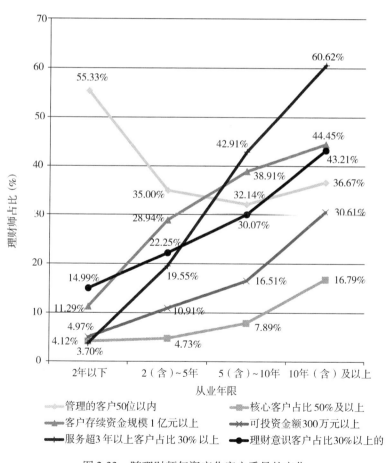

图 2-33　随理财师年资变化客户质量的变化

（3）在理财相关客户活动方面，随着年资的增长，理财师组织客户活动的频次也随之增加，说明随着理财师经验的丰富，其更乐于组织相关专业活动，如图2-34所示。

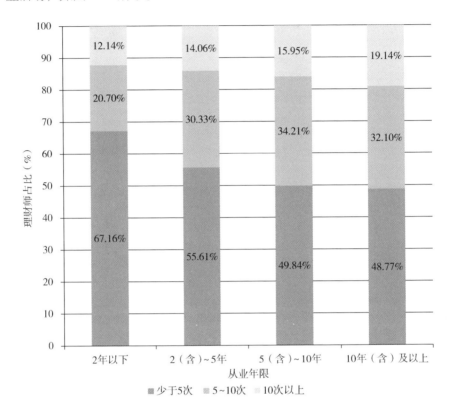

图2-34　不同年资理财师所在机构每年客户活动次数分布

（4）上述能力的提升，必然带来理财师收入及收入满意程度的提升，带来机构对于理财师内部管理能力需求和招聘需求的提升，如下页图2-35所示。

二、年资越长自我规划越清晰

随着年资的增长，很多理财师对行业的看法、对自我的认知会渐趋成熟。本次调研也发现了这种明显的变化。

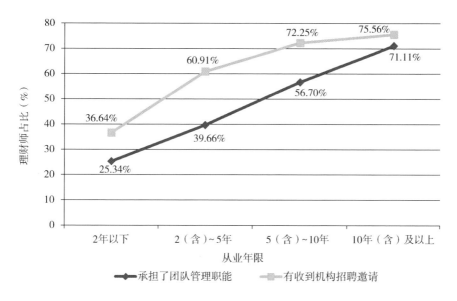

图 2-35　随理财师年资变化对其管理需求、招聘需求的变化

随着年资的增长,理财师对事务所合伙制模式、收费模式的可行性、自己创业、创办小而美的精品财富管理公司等方面,都有明显的倾向性意见。

(1) 对于行业发展,在"哪种线下理财商业组织模式最有可能获得成功"这个问题的回答上,年资越小,越认可独立理财师模式;年资越长,越认可事务所合伙制模式。对于公司雇佣制,则呈现上下小幅波动态势,如下页图 2-36 所示。

(2) 从图 2-36 还可以看出,在"未来 5 年客户付费模式是否会成为主流"的问题上,年资越长,越持不确定或否定态度。

(3) 对于自己职业的发展,在是否会创业成立理财公司这一问题上,年资越长,越呈现出更强的可能性,如下页图 2-37 所示。

(4) 从图 2-37 还可以看出,在最适合自己的理财机构选择上,年资越长,选择"小而美精品财富管理公司"的比例越高,选择"专业资产管理公司直销部门"的比例越低。

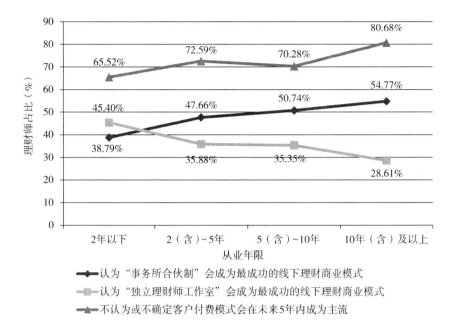

图 2-36　随年资增长理财师对行业看法的变化

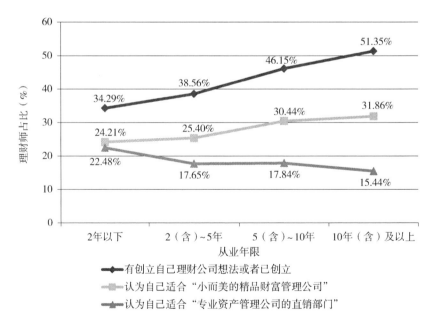

图 2-37　随年资增长理财师对自身职业发展看法的变化

（5）在自己最希望得到的专业技能提升方面，年资越长，对于"客户常见法律税务建议能力"的需求越强，对其他技能需求越弱，如图2-38所示。

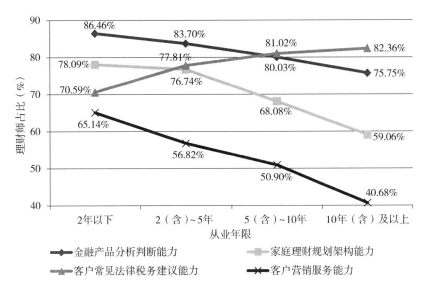

图2-38 随年资增长理财师最希望获得的专业能力的变化

三、机构评价两头扬，监管、学习是常态

除了前述分析的理财师能力和认知方面的趋势性变化外，在对所在机构的评价上，以及对于监管的看法上，有一些有趣的现象。

（1）在对机构的评价上，无论是对所在机构的培训效果、对工作的满意程度，还是对机构的金融产品竞争力评级，从理财师年资变化来看，都呈现出了明显的"中间抑，两头扬"现象。如下页图2-39所示：从业开始阶段和从业资深阶段的理财师对所在机构的满意度相对较高，而从业中间阶段的满意度则相对较低。

（2）在对行业监管的看法和对自身学习提升的方法上，年资的增长并没有带来特别明显的变化。我们分析，其波动或许更多来自理财师所在机构或地域的变化。

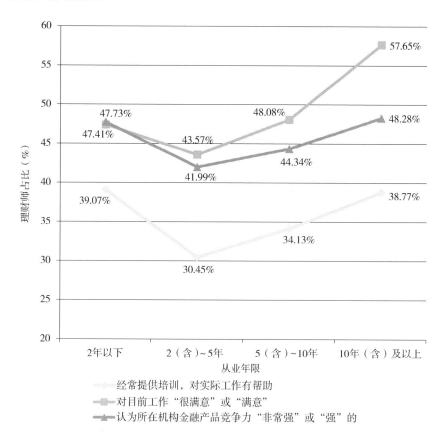

图 2-39 随年资增长理财师对所在机构满意度的变化

第三节　不同地域理财师生存现状差异分析

为便于比较，本次调查将各省市分为 5 个区域，本章主要对其中的东部省区、中部省区、西部省区和东北省区进行分析，包括港、澳、台在内的其他省区暂不做比较。前述 4 个区域的省市分布及样本数如下：

（1）东部省区（总样本 3420 个，可选样本 1518 个）：包括北京、天津、河北、上海、江苏、浙江、福建、山东、广东、海南 10 个省市。

（2）中部省区（总样本 353 个，可选样本 195 个）：包括山西、安徽、江西、河南、湖北、湖南 6 个省。

（3）西部省区（总样本 452 个，可选样本 238 个）：包括内蒙古、广西、重庆、四川、贵州、云南、西藏、陕西、甘肃、青海、宁夏、新疆 12 个省、市、自治区。

（4）东北省区（总样本 260 个，可选样本 113 个）：包括辽宁、吉林、黑龙江 3 个省。

一、东部理财师优势多

东部沿海地区经济发展相对较好，客户较为富裕，金融机构布局也较为密集，相对而言，该地区的理财师也享有诸多优势条件。

本次调查样本中，东部省区分别有 10.41% 和 11.29% 的理财师来自于第三方机构和证券公司，其机构丰富度相对其他省区更高。相对于其他省区，东部省区的理财师基础底子普遍较好，客户质量较高，收入水平较高，产品更多样化，机会也更多。

（1）该地区理财师本科及以上的学历占比达到91.07%，从业5年以上的比例为45.94%，无相关理财证书的比例只有17.75%，如图2-40所示。这些数据都远好于其他省区。

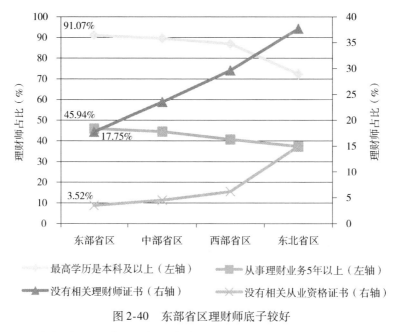

图2-40　东部省区理财师底子较好

（2）东部省区理财师的客户存续资金规模和平均可投资金额都比较大。存续规模在1亿元以上的理财师占比33.71%，客户平均可投金额在100万元以上的理财师占比33.39%，都显著高于其他省区，如下页图2-41所示。

（3）东部省区理财师客户数量较多，其客户理财意识也较强。该地区理财师维护的客户数量在50位以上的比例为63.21%，较强理财意识客户占比30%以上的比例为27.78%，也都高于其他省区，如下页图2-41所示。

（4）东部省区的理财师收入明显高于其他省区。其过去一年收入在20万元以上的比例达34.21%，是所有省区中最高的。对收入表示"满意"的理财师比例为15.85%，高于中部和西部省区，如下页图2-42所示。

第二章 理财师生存现状分析

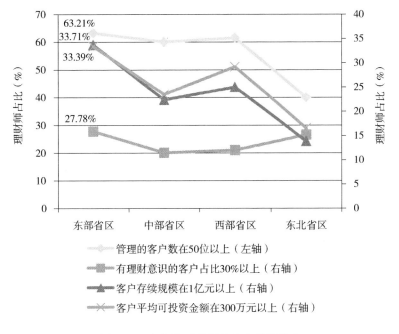

图 2-41 东部省区理财师客户质量较高

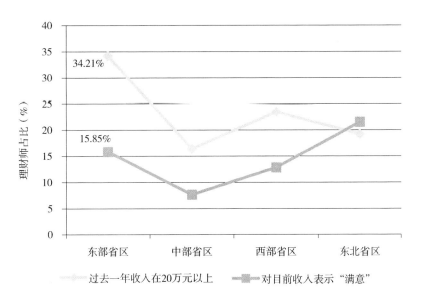

图 2-42 东部省区理财师收入较好

（5）该地区理财师接到的其他理财机构招聘邀请比例为62.78%，也高于其他省区。所在机构可参与的金融产品选择比例在50%以上的产品类别有5个，明显高于其他省区（图2-43），说明该地区理财师可选择机会更多。

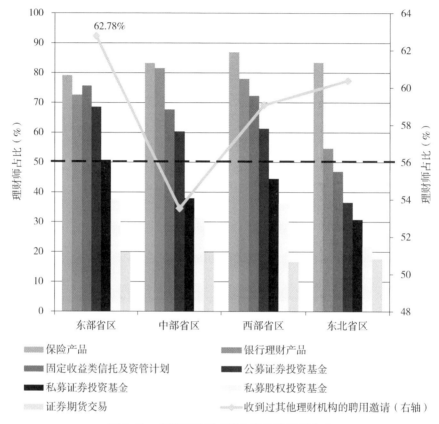

图 2-43 东部理财师产品和机构选择机会多

二、中部理财师渴望外部环境有所改善

本次调查中，中部省区理财师较多来自银行，占比71.67%，高于其他省区。其整体士气较为低迷，生存状态较差。该地区的很多分析结论与前文分析的银行理财师现状比较相似。

该地区理财师收入低、加班多，想离开理财师岗位的比例高，但收到其他机构招聘邀请的少。理财师满意度较低，对所在机构评价也较低。理财师认为纠纷事件中大部分责任在客户。

（1）中部省区理财师从业年数过去一年收入在20万元以下的比例高达83.57%；经常加班的比例高达61.76%；想离开理财师岗位的比例高达55.52%；没有收到过其他理财机构招聘邀请的比例高达46.46%，如图2-44所示。这些数据都大大高于其他省区，说明其目前生存状态较差。

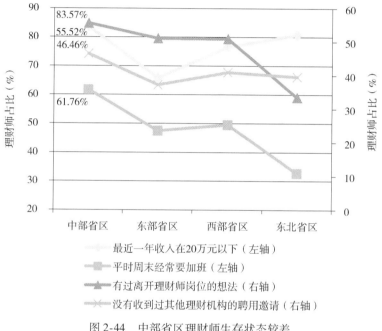

图 2-44　中部省区理财师生存状态较差

（2）该地区理财师的所有满意度指标都比较差。对收入表示"满意"的比例只有7.65%，对目前工作表示"很满意"和"满意"的比例为36.55%，都远低于其他省区，如下页图2-45所示。

（3）该地区理财师对所在机构的评价也较低。对所在机构提供的培训表示"经常提供培训，对实际工作有帮助"的比例为25.21%；认为所在机构的市场品牌竞争力"非常好，有利于自己工作"的比例为37.11%；认为所在机构的金融产品竞争力"强"或"很强"的比例为38.25%；对于所在机构的业绩考核表示"压力大不堪重负"的比例为27.76%，都远远差于其他省区，如下页图2-46所示。

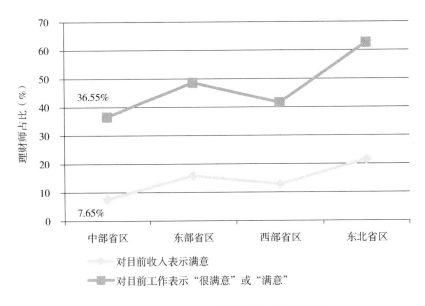

图 2-45　中部省区理财师对自身满意度较低

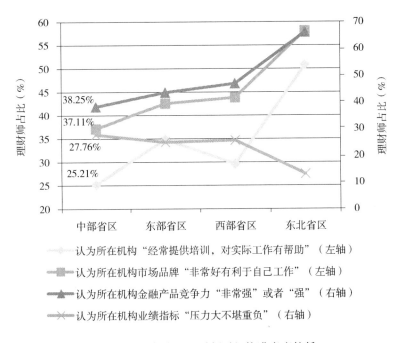

图 2-46　中部省区理财师对机构满意度较低

以上主观性评价较低,说明中部省区理财师对目前生存状态不够满意,对所在机构不够满意。

(4)中部省区理财师认为其客户理财意识较差,理财纠纷中主要问题出在客户。认为具备较强理财意识的客户占比有30%以上的理财师只有20.11%,这一数字远低于其他省区理财师,如图2-47所示。而认为理财纠纷中,主要原因是"客户对理财产品认知的偏差问题"的占比达48.45%,这一数字的占比也显著高于其他省区。

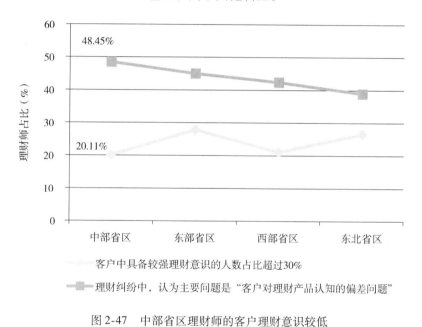

图 2-47 中部省区理财师的客户理财意识较低

三、西部理财师心态相对积极

西部省区理财师与中部省区理财师的很多基本条件非常相似,很多数据的分布都比较接近,如年龄分布、从业年限、持证情况、收入水平、工作满意情况等。但是也明显看出,西部省区理财师的生存状态相比之下稍好,其对目前状况的主观评价也更为正面。

(1)在收入水平方面,西部理财师要稍高于中部,如下页图2-48所示。过去一年收入在21万~50万元的比例为19.03%，100万元以上的为2.43%，都高于中部省区。想离开理财师岗位的比例为50.88%，没有收到其他机构招聘邀请的比例为40.93%，都低于中部理财师。49.56%的理财师需要经常加班，这也低于中部省区。

（2）在满意度评价上，西部省区理财师呈现出的正面性显然高于中部省区。对收入表示"满意"的理财师比例为12.83%，对目前工作表示"很满意"或"满意"的比例为41.59%，对所在机构的培训认为"经常提供，对实际工作有帮助"的比例为29.65%，都显然高于中部省区，如下页图2-49所示。

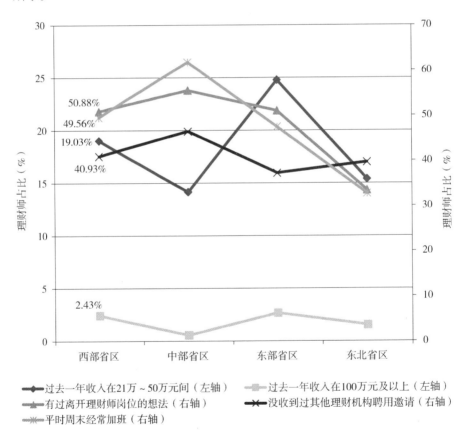

图2-48 西部省区理财师生存状态较中部省区好

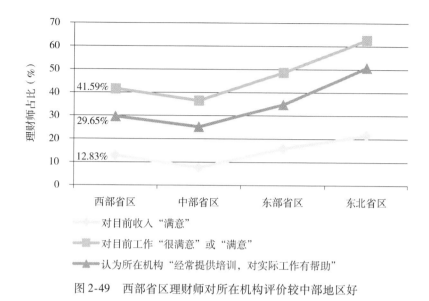

图 2-49　西部省区理财师对所在机构评价较中部地区好

四、东北理财师满意度较高

东北省区的理财师样本中，保险理财师占据了 45.17% 的比例，远远高于其他省区（10% 左右），可能受此影响，其整体数据的表现与总体样本中保险理财师类别的分析也较为接近。

（1）该地区理财师年龄较大，31 岁以上的理财师占比达 72.31%；学历相对低，大专及以下占比达 27.69%；年资较低，从事理财业务 2 年以下的比例达 34.23%；无理财师专业证书的占 37.7%；无相关从业证书的为 15%。上述数据都大大高于其他省区，说明该地区理财师整体门槛相对其他地区较低，如下页图 2-50 所示。

（2）该地区理财师对目前收入和对工作的满意度都非常高。对于收入表示"满意"的比例达 21.54%；对于目前工作表示"很满意"和"满意"的比例达 62.69%，都远远高于其他省区，如下页图 2-51 所示。

（3）该地区理财师对于所在机构的评价也非常高。对于机构内部培训，认为"经常提供，对实际工作有帮助"的比例达 50.77%；对于所在机构市场品牌的竞争力，认为"非常好有利于自己工作"的比例达

58.08%；对于所在机构金融产品的竞争力，认为"非常强"和"强"的比例达66.16%；对于所在机构业绩考核认为"压力大不堪重负"的比例为13.08%。上述数据都远远好于其他省区的理财师，如下页图2-52所示。

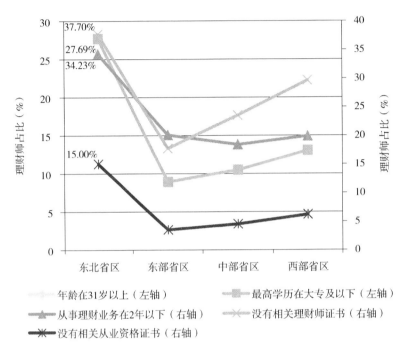

图2-50　东北省区理财师整体门槛较低

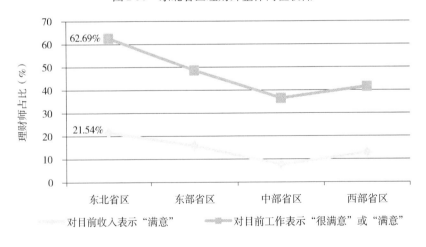

图2-51　东北省区理财师满意度最高

第二章 理财师生存现状分析

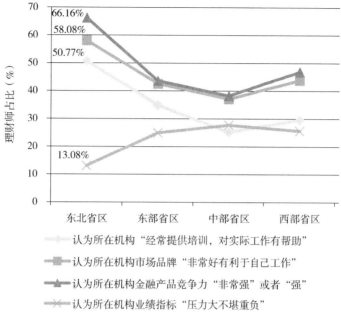

图 2-52 东北省区理财师对所在机构评价较高

（4）该地区理财师工作时间较短，加班较少，对自己的理财专业能力较为自信，如下页图 2-53 所示。工作时长为 6~8 小时的理财师比例为 46.54%；经常加班的比例为 32.69%；而对于自己理财专业能力表示"很自信"的比例为 46.02%。这些数据也远远好于其他省区理财师。

（5）该地区理财师对于独立理财师相对其他地区更加认可，也更有创业想法，却明显认为自己更合适大型金融机构，对各种专业技能的提升都有强烈需求，如下页图 2-54、第 85 页图 2-55 所示。认为"独立理财师的市场条件已经具备，可以大面积落地"的比例达 5.31%，明显高于其他机构；有 51.33% 的理财师有创业成立自己理财公司的想法；但有 61% 的理财师认为自己更合适"大品牌有充足支持的大型金融机构"；对于现阶段最希望获得的专业能力，其选择的比例几乎都达到了 80% 比例以上。上述数据都远高于其他省区。

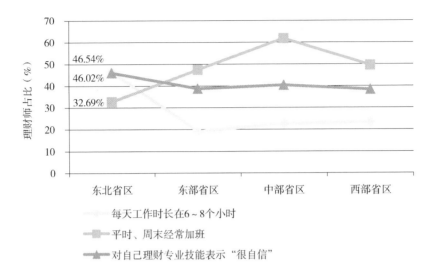

图 2-53　东北省区理财师加班较少,对自己理财专业自信

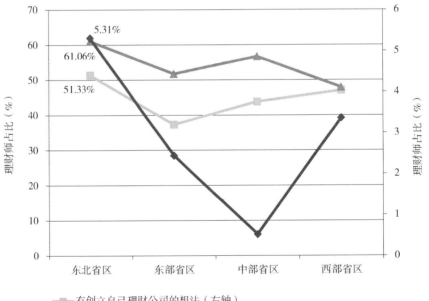

图 2-54　东北省区理财师对行业及自己职业发展看法

第二章 理财师生存现状分析

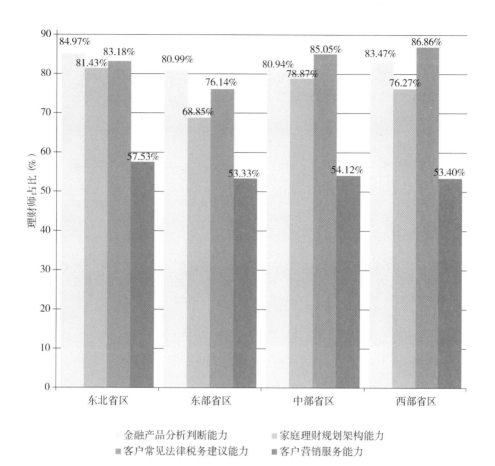

图 2-55 东北省区理财对各方面专业能力提升需求都较强

第三章
理财师职业生涯发展

第一节 专业能力获取途径

一、专业认证是基本途径

学历是"敲门砖",从业资格是"门票",专业认证是"身份证"。本调研报告数据结果显示,9成以上的理财师具有学士以上学位。这是由于多年来金融机构对新员工的学历要求显著高于其他行业,且大多数金融机构更青睐知名高校,学历成为进入金融机构的基本要求。图3-1为国内某商业银行2017年校园招聘文件相关内容截图,从中可窥一二。

（三）境内分行营业网点营销服务岗位

1. 国内外较好院校应届毕业生;

2. 全日制大学本科及以上学历,经济学、法学、理学、工学、管理学、哲学、文学等专业;

3. 具有较好的基本素质、服务观念和协作精神,有较强的责任感和良好的学习能力;

4. 具有较好的英语听说读写能力,国家大学英语四级（CET4）考试425分以上,或提供具备相应英语能力的资格证明（如TOEIC听读公开考试630分以上、TOEFL iBT 70分以上、IELTS 5.5分以上）;主修语种为其他外语,通过相应外语水平考试的,可适当放宽上述英语等级要求。

图3-1 某大型商业银行网点营销服务岗位招聘基本要求

同时，理财师在实际展业及为客户提供专业服务时，必须拥有相关金融监管单位发放的从业资格，这使得包括基金从业资格、保险代理人资格、证券从业资格等在内的一系列资格证书成为必备。95.48%的受访理财师拥有至少一种从业资格证书，76.28%的理财师（样本数量3507个）持有2个以上的从业资格证书。

除学历和资格认证外，真正能代表理财师知识结构和从业资历的，是各种理财师专业认证。理财师专业认证通常包括知识结构学习、认证考试，同时需要一定的从业经验才能获得证书。这些证书不仅在理财师转换服务机构时被视为一项重要的专业标识，在面对客户时，也是其专业能力的体现之一。近8成（79.40%）理财师持有各种理财师专业认证证书。

事实证明，良好的高等教育、相应的从业资格证书和理财师专业认证证书不仅是金融机构在招聘时考虑的主要因素，在本书第四章《理财人群对专业服务的期望分析》中，根据《大众理财顾问》杂志2017年理财人群投资倾向调研结果显示，过往业绩表现、从业年限、专业资质及从业机构是投资者决定是否选择信任一位理财师的主要因素。因此，拥有强大的学习意愿和学习能力，并在实践中不断丰富自己的专业经验，显然是理财师成功的基本要素。

二、多层次专业培训体系正形成

目前，为提高旗下理财师的展业能力，理财师所在机构普遍为理财师提供相应的内部培训。86.6%的理财师表示所在机构有内部培训，但仍有13.4%的理财师表示所在机构几乎不提供培训，如下页图3-2所示。

虽然所在机构内部培训覆盖面较广，但表示有内部培训的理财师当中，近60%的理财师认为内部培训对实际工作效果有限，只有40%的理财师认为对实际工作有实际帮助。这个结果多少有些出乎金融机构的意料，同时，也显示出理财师对培训内容的要求可能和机构组织的培训内容在一定程度上有背离,值得各金融机构培训部门认真反思。

与此形成鲜明对比的是,在全部样本中,共有2112名理财师自愿回答了表达主观感受的选项。其中77.41%的理财师表示会自费接受外部培训(图3-3),占比较高。从这一数据可以看出,当前中国理财师自身的学习意愿相对较高,在机构内训无法满足自己的学习需求时,大量理财师在外部自费寻求学习机会。这也在一定程度上表明,我国理财师专业培训正在形成以认证培训、机构内训、社会培训相结合的多层次培训体系。

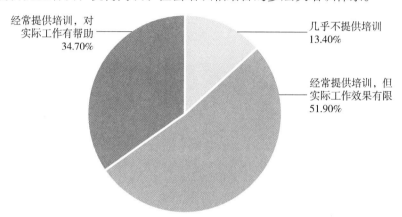

图3-2 理财师对所在机构内部培训的评价占比分布

注:样本数量4597。

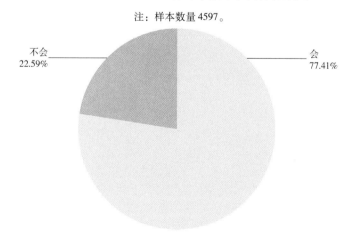

图3-3 理财师是否会自费接受外部机构培训

注:样本数量2112。

三、多数希望继续学习

财富管理服务需要不断学习新知识,在为客户服务时才能做到与时俱进。同时,财富管理服务涉及投资、保障、税务、人生规划等多个领域,一名专业理财师的成长,需要不断学习,以增加服务客户的能力。调研结果显示,只有39.76%的受访理财师表示对自己的理财专业技能"很自信",而53.93%的理财师表示"一般",6.3%的理财师则表示"缺乏自信",如图3-4所示。

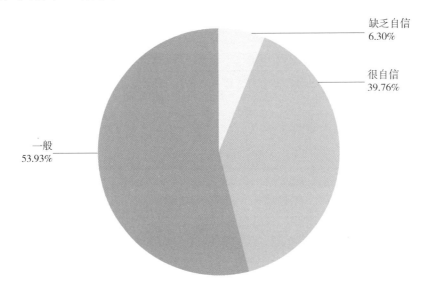

图3-4 对自己理财专业技能的自信度

注:样本数量4597。

四、自辟学习阵地

在2114名回答主观感受选项的理财师中,近7成(69.62%)表示"专业财富管理线上学习平台"是自己比较有效的学习方式。但"现场集中式专题培训"和"系统性的执照考试学习"两种传统方式仍然有大量的受众，分别占比67%和66.54%。而随着微信等社交软件的普及，有35.02%的受访理财师表示会使用"微信朋友圈等线上资讯了解"的方式进行碎片化学习。其中，超过8成（81.59%）受访理财师表示"金融产品分析判断能力"是自己目前最期望获得的专业能力。78.47%的受访理财师期望获得"客户常见法律税务建议能力"，71.08%的受访理财师期望获得"家庭理财规划架构能力"，53.38%的受访理财师期望获得"客户营销服务能力"。

正是看到理财师较为广泛的学习需求，市场上出现了一批提供相应线上教育服务的理财师平台和获得相应行业主管部门批准的地方性社会团体组织（如此次参与调研推广工作的8家地方性理财师协会），并涌现出许多自发的理财师专业团体。这些平台、协会和团体通常定期或不定期地举办免费理财师沙龙，不仅加强了理财师之间的交流和沟通，而且在一定程度上为广大理财师提供了大量的外部教育资源。而一些理财师也在周末利用城际高铁的便利性，跨地域进行学习和交流，展现出理财师群体勤奋好学的风貌，使我们看到了行业的希望（图3-5）。

图3-5　理财师自发举办的全国性理财师社群交流活动

五、国内理财师专业认证证书概览

在本书第一部分"理财师的构成"中,我们提到,79.40%的理财师持有各种理财师证书,其中38.81%的理财师持有金融理财师(AFP®)证书;17.66%的理财师持有国际金融理财师(CFP®)证书;3.28%的理财师持有认证私人银行家(CPB®)证书,6.79%的理财师持有理财规划师(ChFP)证书;1.50%的理财师持有注册财务策划师(RFP)证书,1.20%的理财师持有特许金融分析师(CFA)证书;还有少量人持有CWMP、CRFA、CWMP等各类证书。

在过去10年,中国的理财师认证教育得到了很大发展,这类认证教育通常包括学习培训、认证考试、颁发证书3个环节,为中国第一代持证理财师提供了作为理财专业人员应具备的知识结构和理论基础。

2014年起,国务院公布了《国务院决定取消的职业资格许可和认定事项目录》,陆续取消了300余项职业资格许可和认定事项,其中也包含了部分专业理财师认证资格。根据国务院的相关精神,该项举措主要目的是为了降低制度性交易成本,推进供给侧结构性改革,降低就业和创业门槛。该目录的下发对各种理财师培训认证工作也带来一定的影响,但市场对经过专业培训教育的理财师的需求显然还是非常大的。

以正在努力打造国际金融中心的上海为例,其紧缺大量具有国际视野并有丰富实务经验的金融专业人才,在当前财富管理业务紧随经济发展而迅速爆发需求的背景下,兼具专业能力和实务经验的理财师供不应求。2017年1月,上海市政府发布的《上海金融领域"十三五"人才发展规划》指出:上海金融人才发展的发展现状和体制机制还不能完全适应上海金融改革发展的新需要,上海市金融人才总量仍显不足,金融人才结构性矛盾依然存在,金融人才国际竞争力有待进一步提高,金融人才发展环境有待进一步优化。该规划鼓励金融企业与国际知名金融机构、金融国际组织、高校、研究机构等加强合作，探索、研发与上海国际金融中心建设的要求相适应、符合上海金融行业发展实际需求的海外培训项目和课程。特许金融分析师（CFA）、注册会计师（CPA）、注册金融理财师（CFP®）、金融风险管理师（FRM）、英国国际注册会计师（ACCA）等国际资格认证项目被列入《上海金融领域"十三五"紧缺人才开发目录》。这为开展理财师培训和认证工作提供了良好的经营环境，创造了巨大的市场机遇。

（一）AFP/CFP 理财师认证

1. AFP/CFP 理财师认证简介

CFP 认证制度源于美国，建立在美国金融理财行业发展基础之上。在美国，与金融理财师行业相关的资格证书、专业名目繁多，CFP 资格认证制度在这一历史阶段，对美国乃至全球金融理财行业的发展起到了关键性的推动作用，其发展由来如下页图 3-6 所示。

2004 年，经中国金融教育发展基金会金融理财标准委员会讨论，并报请国际金融理财标准委员会（FPSB）批准，授权在中国大陆进行国际金融理财师 CFP 认证和 CFP 商标管理的机构。

CFP 资格证书由中国金融教育发展基金会金融理财标准委员会（标委会）进行认证，2009 年开始，随着标委会转型为国际金融理财标准委员会中国专家委员会和现代国际金融理财标准（上海）有限公司［即 FPSB China，国际金融理财标准委员会（中国）］之后，CFP 资格由 FPSB China 进行认证。CFP 资格已经纳入 FPSB 国际认证体系。根据国际金融理财标准委员会（中国）公布的数据，截至 2017 年 9 月 30 日，由国际金融理财标准委员会认证的中国大陆 CFP 系列持证人总人数为 217527 人，其中 AFP 持证人总人数为 183319 人，CFP 持证人总人数达到 28095 人，EFP 持证人为 3957 人，CPB 持证人为 2156 人。

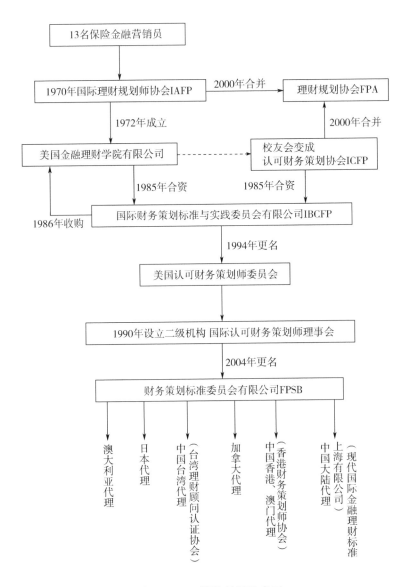

图 3-6 CFP 资格认证的发展

来源：陈大文《那些年我们考过的理财证书》，http://industry.caijing.com.cn/20170907/4328039.shtml。

2. CFP 理财师认证培训的主要内容

根据目前的课程体系，CFP 理财师培训内容涵盖个人风险管理与保险规划、员工福利与退休规划、个人税务与遗产规划、投资规划，以及金融理财综合案例 5 部分内容。培训知识体系完善，并辅以完善的继续教育制度安排和继续认证体系。

3. CFP 理财师认证的 4E 特色认证体系标准

CFP 理财师认证要求理财师通过教育（Education）、考试（Examination）、从业经验（Experience）和职业道德（Ethics）等严格要求（即"4E"标准），采用该管理标准即可在机构管理的前提下通过行业自律的方式对理财师的行为进行监管。CFP 系列持证人若在执业过程中违反 4E 标准，由 FPSB China 进行违规通报，如图 3-7 所示。

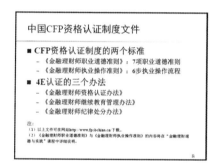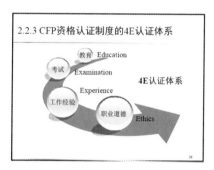

图 3-7　CFP 系列认证体系

来源：AFP 培训课件。

（二）ChFP 理财规划师

1. ChFP 简介

ChFP（即国家理财规划师）是由国家人力资源和社会保障部在全国范围内推行的理财规划专业人员资质认证。2003 年，国家人力资源和社会保障部（原国家劳动和社会保障部）正式推出理财规划师职业认证。在该认证体系框架下，由原劳动和社会保障部在 2006 年发布了《理财规划师国家职业标准（2006年版）》。在随后的2014年，国务院发布《国务院决定取消的职业资格许可和认定事项目录》，公布第二批取消67项职业资格许可和认定事项（50号文）后，该证书转由ChFP理财规划师专业委员会承接，延续原社会保障与人力资源部之前的教材、标准和认证体系。

由于在原劳动部的技能鉴定标准体系下，将金融理财根据不同等级的认证标准分为不同模块的技能认定模块，进而将该证书主要分为ChFP三级、ChFP二级（对应二级技师技术等级）、ChFP一级（对应国家高级技师技术等级），如通过鉴定，则持证人取得相应级别的证书。

2. ChFP培训内容

主要分为理论基础和专业技能，培训内容主要涵盖现金管理、消费支出规划、教育规划、风险管理和保险规划、投资规划、退休养老规划、家庭财产和传承规划，并根据等级不同赋予不同等级的理财师从税务、风险管理及创新等层面的差异化培训认证内容。受技能鉴定框架的影响，该培训体系将金融理财所涵盖的内容尽可能细化为不同等级理财师工作涵盖的内容，并赋予一定的差异性。

3. ChFP的继续教育认证

在培训者满足劳动保障部既有技能鉴定条件的基础上，ChFP借鉴国际理财师认证的经验，也着手完善ChFP的继续教育认证体系，对持证人遵守有关规定的基础上完成每年24小时的继续教育。

（三）RFP注册财务策划师

1. RFP简介

2004年，中国注册财务策划师学会（Registered Financial Planners Institute of China，简称RFPI中国理事会）注册成立。RFP资格认证培训相继在上海、北京等13个省份举行，开始了RFP注册财务策划师在中国的培训认证历程。截至2015年年底，中国地区RFPI会员已超过1万人。

2. RFP 培训的内容

根据 RFPI 公布信息显示，RFP 中文教材 2015 版的课程体系如图 3-8 所示，总体可分为 3 大系列：

系列一，金融理财原理，培训内容包括：现代理财基础导论、家庭与企业、法律基础、员工福利基础、风险管理基础、经济学基础、金融学基础、投资学基础、财务管理基础、人生规划、职业规划、储蓄规划、消费规划、居住规划、教育规划、税收规划等。

系列二，个人理财实务，培训内容包括：保险理财、投资理财、银行理财、综合理财、职业素质、工作技能等。

系列三，公司理财实务，培训内容包括：财务管理、筹资管理、投资管理、营运管理、理财专题、税务筹划等。

基础理论	现代理财基础导论 家庭与企业 法律基础 员工福利基础 风险管理基础 经济学基础 金融学基础 投资学基础 财务管理基础
基本能力	金融计算、家庭财务管理、人生规划、职业规划、婚姻规划、子女养育规划、退休规划、遗产规划、储蓄规划、融资规划、消费规划、教育规划、居住规划、投资规划、保险规划、税收规划、全方位理财规划
保险理财	保险规划 专业化销售流程
银行理财	商业银行业务 客户经理技能
投资理财	投资工具 投资组合管理 投资心理学
综合理财	理财服务流程 理财计划书
职业素质	职业道德 商务礼仪 思维分析技巧 时间管理技巧
工作技能	现代营销心理学 顾问式销售技巧 电话销售技巧 创意销售技巧

图 3-8 RFP 培训内容

来源：RFPI。

除如上理财师培训认证课程外，还有上海金融理财师协会等地方性协会举办的一些培训课程。

（四）财富管理师（WMP）证书

1. WMP 证书简介

WMP 证书分为初级、中级和高级共 3 个等级，其中初级财富管理师、中级财富管理师证书对应为银行业专业人员职业资格考试"个人理财"初级、中级专业类别，被纳入人力资源和社会保障部国家职业资格证书序列；高级财富管理师证书为中国银行业协会试点开发的行业高端培训证书，由中国银行业协会私人银行业务专业委员会和东方银行业高级管理人员研修院共同组织管理。

WMP 证书立足于银行业金融机构，在证书设立、教材编写、考核测评等过程中，得到来自中国银监会和各银行业金融机构的广泛参与，使得 WMP 证书更加贴近银行业务实操，成为广大银行业金融机构要求的入职、上岗证书。截至 2017 年 9 月，通过银行业专业人员职业资格考试"个人理财"科目，并获得 WMP 证书的持证人数超过 72 万人，其中初级财富管理师持证人数为 726 234 人，中级财富管理师持证人数为 1 716 人，高级财富管理师持证人数约 200 人。

2. WMP 证书对象

中国银行业协会 WMP 证书以专业、实操、简明为特色。初级证书主要面向一线理财产品销售人员和有志于从事理财行业、业务的人士，考核测评理财业务和理财师工作相关的法律法规、基础知识、技能等；中级证书主要面向理财中心、财富管理中心的理财经理、客户经理、投资顾问等，考核测评理财规划几大专业服务模块，以及与综合理财规划相关的知识技能等；高级证书主要面向私人银行从业人员及其他有志于从事相关业务的财富管理人士等，考核测评私人银行业务的产品、服务、流程、风险等内容框架，以及跨境资产配置、财富传承与保障、税务规划、法律咨询、企业管理咨询等与中高端客户服务相关的知识技能。

3. WMP 证书管理体系

中国银行业协会初级、中级财富管理师证书管理体系由教材学习、考试测评、继续教育、证书管理组成。自 2017 年推出高级财富管理师证书以来，体系中增加面授培训部分，使得 WMP 证书管理体系日趋完善。

4. WMP 证书的继续教育认证

按照中国银行业协会《中国银行业专业人员职业资格继续教育管理暂

行办法（试行）》，WMP 初、中级证书持证人员应自觉接受继续教育，保持知识和技能的更新。每一继续教育周期内，须完成 30 学时的继续教育培训。

（五）结论

专业理财师培训认证随着财富管理行业的蓬勃发展而产生，随着财富管理行业专业执业能力的提高而发展，随着财富管理行业发展趋势而衍变。随着行政力量与专业理财师认证的脱钩，致力于理财师专业化执业能力提升的认证资格及其培训，其价值会更加凸显，并被广大理财师和机构所认可。对于这些认证和培训机构的发展而言，刚刚走过上半场，下半场的发展方向需更加根植理财师的内在需求，使其培训内容具有更多的可操作性和实践性，方能在日后的理财师培训教育市场上不断升华和发展。

与此同时，理财师与培训认证机构，在很大程度上是一荣俱荣、一损俱损的关系。理财师培训认证机构也要面对理财师所面对的市场挑战，方能相伴理财师专业化执业能力的提升而协同发展，互相提高。

第二节 职业生涯发展展望

一、强压力下依然坚守

虽普遍感受到业绩压力,一半以上的理财师意欲坚守理财师岗位。只有7%的理财师表示目前所在机构的业绩压力不大,93%的理财师认为压力较大,68.65%的理财师表示目前所在机构的业绩压力大但可承受,24.34%的理财师表示压力大不堪重负,如图3-9、下页图3-10所示。

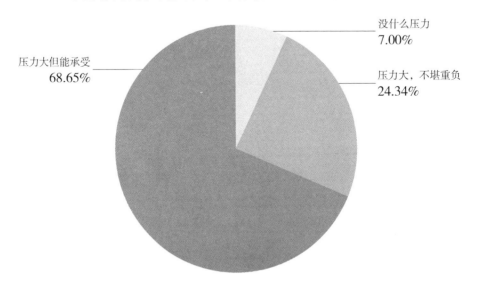

图3-9 理财师机构业绩压力占比分布

注:样本数量4597,下同。

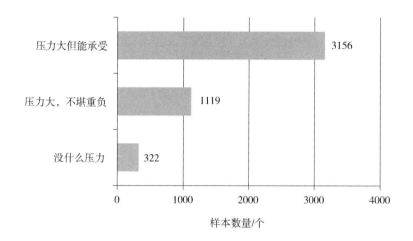

图 3-10 理财师机构业绩压力数量分布

这说明，中国理财师普遍压力较大，有近 1/4 理财师表示不堪重负，但其他大部分的理财师仍表示能承受。

不足 5 成的理财师对工作满意或非常满意。其中，11.86% 的理财师非常满意自身的工作状态；36.24% 表示对当前的工作状态满意；37.05% 对自己的工作状态评价为一般，而超过 14.88% 的理财师对当前的工作状态表示不满，如下页图 3-11 所示。综合分析，这种现象多源于理财师在工作过程中面临多维度的考核，理财师认为所在机构普遍重视产品销售而不注重客户的真实需求。

同时，超过半数（56.4%）的受访理财师表示意欲坚守理财师岗位，43.6% 意欲离开理财师岗位，如下页表 3-1、图 3-12 所示。其中，各机构类型中，意欲离开理财师岗位的理财师占比，银行最高，达到了 55%；其次为基金公司，为 41.86%；保险公司（15%）次之；独立理财师（11.9%）最低。

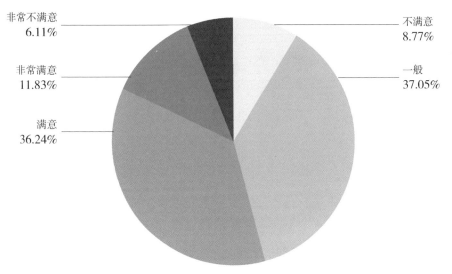

图 3-11 理财师对工作的满意度评价

表 3-1 理财师对当前岗位去留的看法

	不分行业	银行	第三方机构	证券	保险	基金	独立理财师
想离开（%）	43.60	55.00	22.96	28.77	15.00	41.86	11.90
没有想离开（%）	56.40	45.00	77.04	71.23	85.00	58.14	88.10
总样本数/个	4597	2843	500	413	373	82	80

图 3-12 是否有离开理财师岗位想法的受访理财师

注：样本数量 2108。

二、大型机构受青睐

61.58%的理财师表示收到过其他机构的聘用邀请。这在一定程度上说明，行业繁荣程度较高，对有一定经验和客户资源的理财师需求高涨，理财师目前的就业机会很多。其中第三方机构理财师（84.2%）、基金公司理财师（81.71%）和独立理财师（70%）被其他理财机构邀请的比例尤其高，说明其受欢迎程度比较高，如表3-2所示。

表3-2　理财师受邀机构的来源

	不分行业	银行	第三方机构	证券	保险	基金	独立理财师
有（%）	61.58	57.26	84.20	59.81	53.08	81.71	70.00
没有（%）	38.42	42.74	15.80	40.19	46.92	18.29	30.00
总样本数/个	4597	2843	500	413	373	82	80

同时，超过一半的理财师表示自己最合适的理财机构仍然是大品牌且有充足支持的大型金融机构，说明在理财行业发展的过去10余年里，大型金融机构以其经营的稳定性、资源的丰富性，以及强势的品牌效应，仍然是大部分理财人员的首选。但值得注意的是，有27.91%的理财师愿意选择小而美的精品财富管理公司，另有18.07%的理财师则表示更愿意留在专业资产管理公司的直销部门，如下页图3-13所示。这说明虽然传统的大型金融机构仍然在市场中占有主导地位，但运作良好的第三方机构和专业的资产管理公司正在冲击传统大型金融机构的市场份额，并且已在市场中分得一份不错的蛋糕。

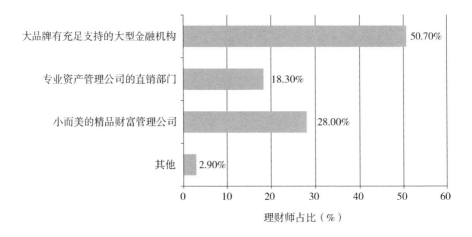

图 3-13 理财师希望服务的机构

三、保险机构理财师创业忙

在接受主观感受调查的 2114 位受访理财师中,有创业想法的理财师占比 40.02%,已经创业的理财师占比 2.51%,如表 3-3 所示。

可以看出,银行、基金公司理财师有创业想法的占比稍低,分别为 32.46%、42.86%;保险公司、第三方机构理财师有创业想法的占比较高,分别占 65.84%、46.72%。

独立理财师中,有 33.33% 的理财师创业,并非人们认为的大部分独立理财师应该已经创业。目前仍在各家机构的理财师,也有部分比例的理财师已经创业(基金公司中占比 9.52%,第三方机构占比 6.95%)。

表 3-3 不同机构理财师创业的意愿

	不分行业	银行	第三方机构	证券	保险	基金	独立理财师
有(%)	40.02	32.46	46.72	45.89	65.84	42.86	59.52
没有(%)	57.47	67.02	46.33	54.11	33.54	47.62	7.14
已创业(%)	2.51	0.53	6.95	0.00	0.62	9.52	33.33
总样本数/个	2114	1331	259	146	161	42	42

关于"哪种线下商业模式最有可能在国内获得成功"的问题为选填题，其中2115位被调查理财师选择了回答。在回答者中，48.51%的理财师选择了"事务所合伙制"，35.97%的理财师认为"独立理财师工作室"，14.58%的理财师选择了"公司雇佣制"，只有0.95%的理财师表达了其他观点，如图3-14所示。

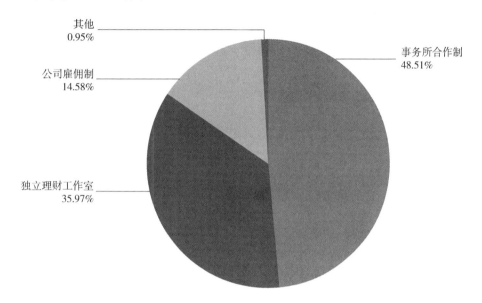

图3-14　哪种线下商业模式最可能获得成功

注：样本数量2115。

四、独立理财师叫好不叫座

在如何看待国内独立理财师行业发展上，96.54%的理财师认为，国内独立理财师尚不具备落地发展可能性；37.19%的理财师认为是外部原因导致落地困难；59.35%认为源于具备独立执业服务能力的理财师太少，无法形成一个规模化行业；仅2.56%认为当下市场条件已经成熟，适合理财师独立执业，如下页图3-15所示。

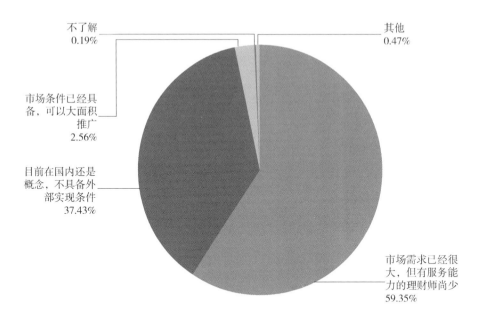

图 3-15　对独立理财师的看法

注：样本数量 2108。

第三节 成功理财师画像

一、成功理财师定义

"成功"的含义有两个，即主观上满意和客观上有成就。在本调查问卷中，将理财师"对目前的收入满意"和"对目前的工作满意"作为主观上满意的标准；将理财师"过去一年税前收入在50万元以上"和"从事理财行业5年以上"作为客观上有所成就的标准。

从本次调查回收的4597个有效样本中挑选了同时满足上述4个指标的147个样本（其中同时回答了第二部分问卷的84个），作为成功理财师的样本基础。画像特征的描述上，采取了"目标样本与总体样本比较"的方法，进行了特征描述提取，并在此基础上尝试从基本特征、主观认知、客户情况、职业规划和行业看法5个维度来对此群体进行画像的描述，供理财从业者参考。

二、持证多、跳槽多、三方机构

根据样本定义，成功理财师从业时间在5年及以上，在过去一年的税前收入保持在50万元以上，并对该收入表示满意，如下页图3-16所示。

（1）成功理财师年龄相对在30岁以上，偏男性，持有硕士及以上学位，心智相对成熟，有较强学习能力。

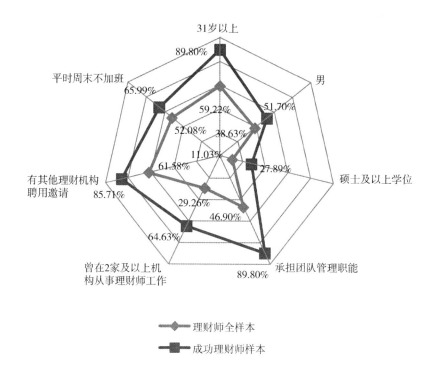

图 3-16 成功理财师基本特征

（2）来到目前机构之前，曾经在 2 家以上机构从事过理财师岗位，且仍持续收到其他理财机构的招聘邀请，并承担了团队管理职责。行业阅历丰富，有一定管理经验，市场能力仍较强。

（3）相对其他理财师，成功理财师的工作时长较为分化，有的在 8 小时以内，有的在 12 小时以上，但是加班程度明显较轻。

（4）相对而言，成功理财师目前更多分布在第三方机构、信托公司、证券、基金的资管公司或独立理财师工作室，说明新兴理财机构是成功理财师更趋向的一类机构，如下页图 3-17 所示。

（5）成功理财师普遍持有各类理财专业证书和从业资格证书，尤其是 CFP 和 CPB 证书，如下页图 3-18 所示。

第三章 理财师职业生涯发展

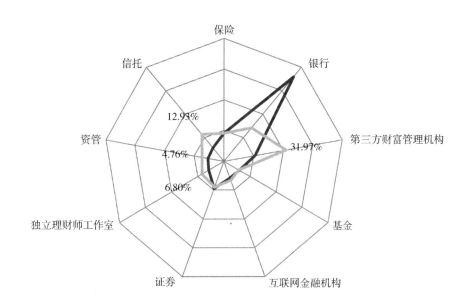

图 3-17 成功理财师机构属性

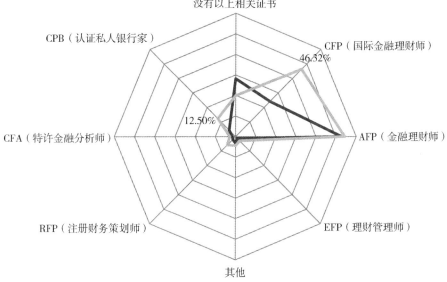

图 3-18 成功理财师持有的理财师证书

（6）成功理财师所在机构能提供的金融产品以私募类产品见长，包括固定收益类信托或资管、私募证券投资基金和私募股权投资基金；普遍提供各类非金融产品服务，包括融资服务、税务筹划、法律咨询和移民规划等，如图3-19、图3-20所示。

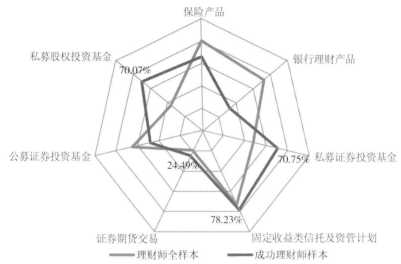

图3-19　成功理财师可帮客户配置的金融产品

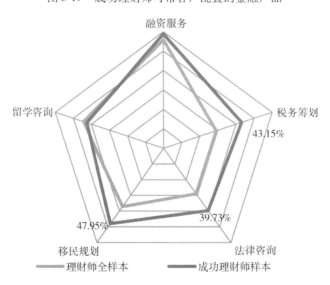

图3-20　成功理财师可帮客户配置的非金融服务

三、积极、满意,能承压

成功理财师对于所在机构或工作的认知普遍比较积极、满意,对业绩考核压力的反应也更为乐观,如图3-21所示。具体表现为:

(1)对自己所在机构的市场品牌持有较为主动的心态,并积极参与品牌建设。

(2)对所在机构培训的评价明显高于其他理财师。

(3)普遍认为自己所在机构的产品竞争力较强,对目前工作较为满意。

(4)普遍表示对目前所在机构的业绩考核没有压力或者压力大却能够承受。

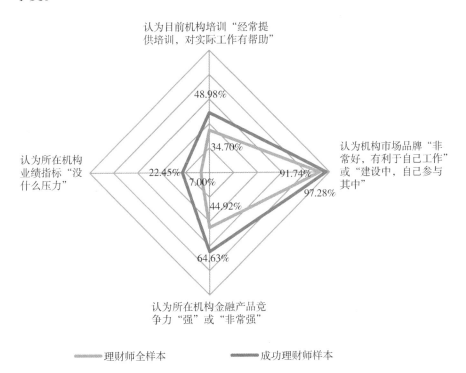

图3-21 成功理财师对目前机构或工作的认知

四、客户多,质量好,黏性高

成功理财师的客户普遍体现出数量多、质量好、黏性高的特征,其客户理财意识也较强。而在推荐产品的过程中,成功理财师的主导性更强,对于机构考核和产品佣金的依赖度更低,如图3-22所示。具体表现为:

(1) 客户数一般在 20～100 位,其中核心客户占比在 20% 以上。

(2) 维护的客户存续资金规模在 1 亿元以上,客户平均可投资金额在 100 万元以上,存续规模和平均可投金额都较高。

(3) 服务有 3 年以上的客户占比达 30% 以上,客户黏性较高。

(4) 每年组织与理财相关的客户活动达 10 次以上,有较强理财意识的客户占比达 30% 以上,说明其客户理财教育工作做得比较到位,且其更倾向于向客户收费。

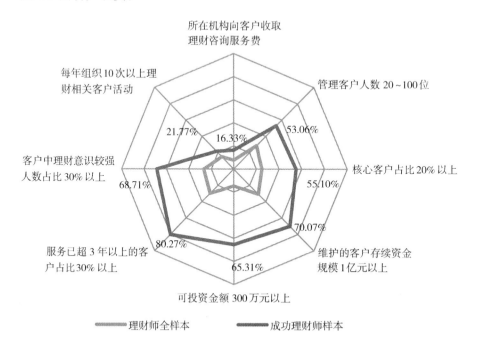

图 3-22 成功理财师客户服务特征

（5）在向客户推荐产品时，"理财师认为客户需要配置"是成功理财师明显首要考虑的因素，并更倾向于根据自身对市场判断对客户进行配置建议，而机构考核要求及产品佣金高低所占比例明显低于其他理财师，如图 3-23 所示。

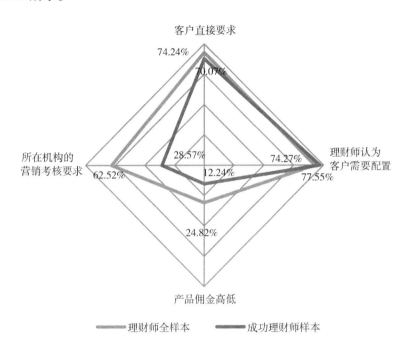

图 3-23　成功理财师向客户推荐金融产品时主要考虑因素

五、坚持，独立，更主动

成功理财师对于理财师岗位更坚持，其创业独立的想法更明显，更愿意主动寻求外部机构的培训，其对于法律税务建议能力的提高有更明显的需求，如下页图 3-24、图 3-25 所示。具体表现为：

（1）对自己的专业理财技能非常自信，并没有想过离开理财师岗位。

（2）已创业或有创业想法比例更高，显示出更希望自主和独立的倾向。

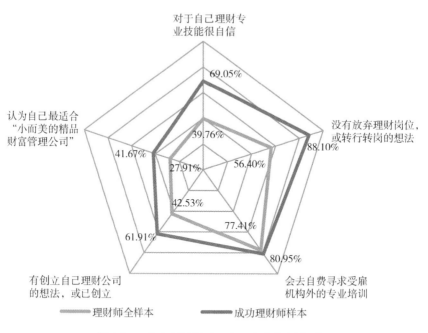

图 3-24 成功理财师对于自己职业规划的看法

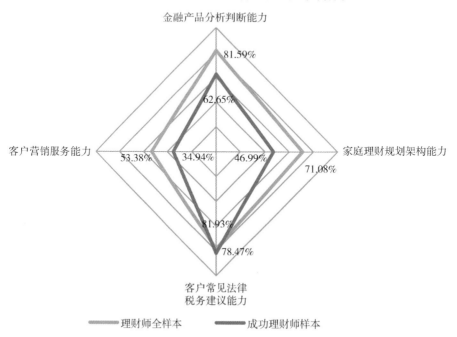

图 3-25 成功理财师现阶段最希望获得的专业技能

（3）认为自己最合适的机构是"小而美的精品财富管理公司"，收费模式上则与其他理财师没有明显区别，仍偏向于产品佣金和客户理财咨询费模式。

（4）更倾向于自费接受外部机构的培训，对于培训方式的选择与其他理财师没有明显区别。

（5）对于"客户常见的法律税务建议能力"的需求非常明显地要高于其他理财师，而对于其他能力，如金融产品分析判断能力、家庭理财规划架构能力，以及客户营销服务能力，都明显弱于其他理财师。

六、强调监管，偏保守，看好合伙模式

成功理财师对于行业监管有更强的担忧，但是对于智能投顾、线上理财模式及独立理财师模式观点更保守，在现实中更青睐于"事务所合伙制"的线下商业模式，如下页图3-26、图3-27所示。具体表现为：

（1）普遍认为目前对于理财师和理财机构的监管不到位，需要加强；认为从理财师从业资格准入管理、理财师职业过程的监管、机构准入资格管理、理财师信息公开披露制度，到行业自律组织建设都应该加强，尤其是与理财师相关的监管。

（2）关于智能投顾，成功理财师明显倾向性地认为"智能投顾会在中产阶级标准化产品方面做得更好，但高净值客户私募产品方面无法替代"，并对线上理财模式持更加保守的态度。

（3）关于独立理财师，成功理财师比其他理财师更倾向于"独立理财师的市场需求已经很大，只是有能力服务的理财师尚少"的观点；对于客户收费模式在未来5年内的普及持更加保守的态度。

（4）相对于"独立理财工作室"和"公司雇佣制"，成功理财师认为"事务所合伙制"的线下理财商业组织模式更有可能取得成功，其比例明显高于其他理财师。

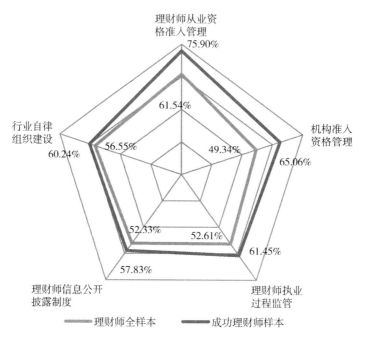

图 3-26　成功理财师认为国内理财行业需要加强的方面

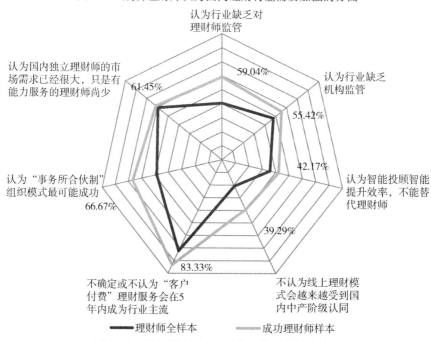

图 3-27　成功理财师对于行业监管和发展的看法

第四章
理财人群对专业服务的期望分析[一]

[一] 为了更好地展示当前中国理财师职业化生态,征得《大众理财顾问》杂志的同意和授权,本调查报告摘取了《大众理财顾问》杂志针对我国理财人群的调研成果《中国理财顾问服务发展报告(2017)》的部分内容,以体现我国理财人群对专业财富管理服务的需求及不同人群需求的差异性,进一步细化理财师职业化生态的外部环境。该次调研活动在2017年3月1日~9月30日期间,由《大众理财顾问》杂志通过网上问卷调研、邮件问卷调研、实地问卷投放等方式展开。经过7个月的问卷收集,认真筛选和统计得出有效总样本数量为2910份。

第一节 认知差异性分析

一、需求强劲

调研结果显示,绝大多数投资者希望得到专业的理财服务,超过 8 成投资者希望在投资过程中得到专业理财师的投资建议,并帮助投资者制订符合自己实际情况的资产配置方案,如图 4-1 所示。也就是说,绝大多数投资者在投资时,更倾向于选择听取专业建议,依靠专业的力量获取理想的投资收益,而不是自己单打独斗,直接在市场进行投资操作。

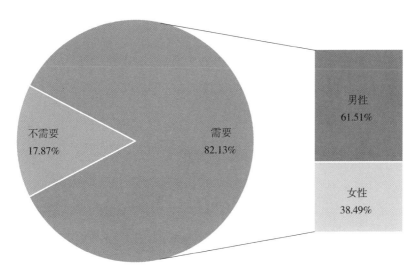

图 4-1 绝大多数投资者希望倾听来自专业理财师的投资建议

注:样本数量 2910,下同。

以上调研结果表明，经过10多年的发展，我国理财市场正在朝着越来越健康的方向发展，从业人员的专业素质不断提高，逐步得到市场和投资者的认可；投资者的投资行为也越来越理性，正在一步步接受"专业的事情由专业的人来做"这一观念，相信未来会有越来越多的投资者选择将资金交给专业的理财师打理，通过理财顾问服务进行合理的全方位的资产配置。

二、选择无关经验与金额

投资经验和投资金额并不明显地影响投资者选择专业服务。调研结果显示，投资者投资经验越多，对专业理财师的依赖性越呈降低趋势，但这种趋势变化较为缓慢，并不是越具有丰富投资经验的投资者就越不愿意接受理财师的服务。相反，从图4-2可以看出，绝大多数投资者，无论是有丰富投资经验的，还是投资经验较少的，都希望在投资理财的过程中，能得到专业理财师的顾问服务。

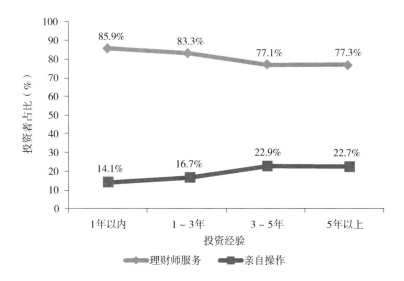

图4-2 投资理财经验对接受专业理财服务影响不大

另外,投资者的投资金额大小,也与是否选择理财师咨询服务没有明显的相关性。从图4-3可以看出,无论是投资金额在10万元以下的投资者,还是投资金额100万元以上的投资者,大多数人都希望在投资过程中得到专业理财师的指导。

如果进一步分析各投资金额区间投资者的特点,从图4-3可以看出,投资金额在10万元以下的投资者,最为希望得到专业理财师的建议;而投资金额10万~50万元的投资者,相比之下,愿意自己研究如何进行投资的稍多,但这一占比也并未超过1/4。

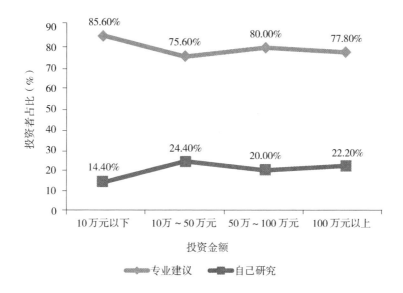

图4-3 投资金额与是否选择理财师服务无明显相关性

三、性别影响需求

调研结果显示,女性更倾向接受专业理财师的建议。从图4-4可以看出,在男性投资者中,有79.03%的人认为自己在投资理财过程中需要得到专业理财师的服务,女性投资者在这一项上的占比则为87.62%。由此可见,相对而言,女性投资者更倾向接受专业理财师的建议。

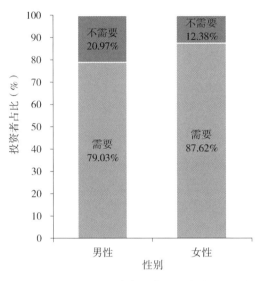

图 4-4 男性与女性对待专业意见的态度差异明显

四、年龄越大越依赖专业

青年投资者越来越重视投资的专业化。分析调研结果，我们发现，我国理财人群对专业化投资的认识和接受程度表现出以下特点：20~35岁和55岁以上的理财人群对专业理财服务需求更大；20岁以下和36~55岁的理财人群中，有较多人选择相信自己。

具体来看，与大多数人的认识一致的是，55岁以上的老年投资者极其渴望得到专业理财师的咨询服务，这一占比达到了98%，极少老年投资者依靠自己的力量进行投资理财。

值得注意的是，作为目前理财市场上重要力量之一的20~35岁投资人群，这一年龄阶段的投资者在投资过程中对专业服务的需求同样极其旺盛，超过85%的这类投资者选择通过专业理财师进行投资。

而与此形成鲜明对比的是20岁以下的投资者，这部分投资者表现出十分强烈的探索、学习欲望，有更多人喜欢自己进行钻研。下页图4-5显示，这部分投资者中，借助专业理财师的力量进行投资的人数占比为57.10%，选择自己研究投资市场并进行投资的接近 4 成。其余年龄阶段的投资者,自己研究如何投资的都不超过 30%。

36~55 岁投资者可能由于工作经验积累较多、资源丰富、精力充沛,也有相对较多的投资者选择自己研究如何进行投资理财,占比达到了 23.70%。但依然有 76.30% 的投资者倾向依靠专业的力量进行投资。

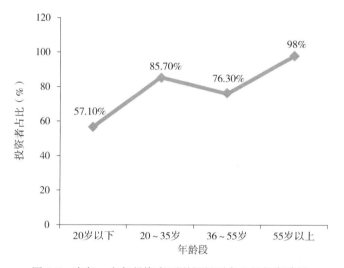

图 4-5　青年、老年投资者更渴望得到专业的投资建议

五、硕士人群更自信

调研结果显示,拥有硕士学位的人群在投资过程中更愿意自己去学习、研究投资市场规律,并做出投资决策。这部分人群中,有 68.4% 的投资者倾向于听取理财师的专业投资建议,而相比之下,其他投资者的这一占比都在 8 成以上,如下页图 4-6 所示。

专科及以下、学士、博士理财人群认为自己在投资过程中需要专业理财师的顾问服务的占比分别为 81.2%、84.5%、87.5%,呈现出逐步增高的变化趋势。由此可得出:这 3 类人群呈现出受教育程度越高,投资理财越相信"专业的事情专业的人来做"这一理念,对理财师专业顾问服务的接受程度相应地也越高。

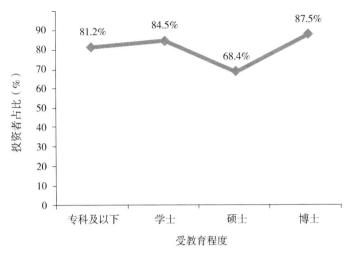

图 4-6　硕士投资者更喜欢自己研究市场

六、中等收入靠自己

从收入水平上看，除了月收入在 1 万~3 万元的投资者，其余各收入区间的投资者中，倾向接受专业理财师顾问服务的占比都超过 9 成。而月收入在 1 万~3 万元的投资者，有约 45% 的投资者选择依靠自己的力量进行投资，如图 4-7 所示。

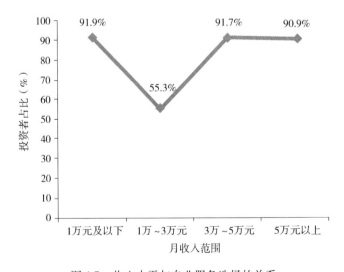

图 4-7　收入水平与专业服务选择的关系

第二节 选择理财师服务的依据

一、男性最看能力，女性兼顾口碑

调研结果显示，无论是男性投资者还是女性投资者，在选择理财师时，首先看的都是理财师的过往业绩。68.95%的男性会将过往业绩作为选择理财师的考虑因素之一，女性在这一项上的占比则为63.37%。

相比而言，男性投资者对理财师的专业性要求比女性投资者高，在对理财师过往业绩、取得专业证书、所从业机构的考察上，男性的占比明显高于女性，尤其是对理财师是否拥有专业资质证书这一因素。

而同样呈现出明显差异性的还有是否考虑"听取有经验人群的意见，根据他们的推荐选择理财师"这一问题上。从下页图4-8可以看出，在选择理财师服务时，11.88%的女性投资者以他人推荐来选择理财师，而男性投资者的这一占比为5.26%。这在一定程度上说明，女性投资者明显更愿意接受他人推荐，而不是单纯靠自己去筛选优秀理财师。

二、年限、证书多方兼顾

从下页图4-9可以看出，20岁及以下投资者和55岁以上投资者在选择理财师服务时极具个性特点，两者在几项重要的判断标准上的态度呈现出两极分化的现象。

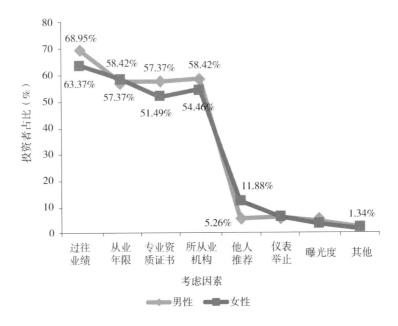

图 4-8　不同性别投资者选择理财师的标准

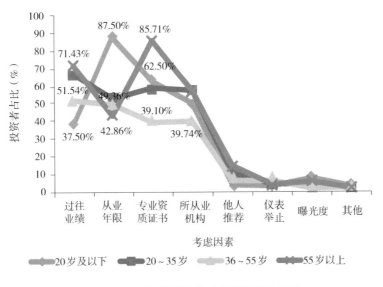

图 4-9　不同年龄投资者选择理财师的标准

20岁以下投资者重点考虑理财师的从业年限，在这一项上的人群占比达到87.5%，而这一人群对理财师的过往业绩、所拥有的专业证书情况重视程度显然不如其他年龄阶段群。20岁及以下投资者中，有37.5%的人将理财师过往业绩作为选择理财师的考虑因素，有62.5%的人会看理财师取得专业资质证书的情况。

与20岁及以下投资者"遥相呼应"的是55岁以上投资者。相比20岁以下投资者，他们中有49.36%的人选择理财师时会考虑理财师的从业年限，远远低于20岁及以下人群的占比。但是，却有85.71%的55岁以上投资者将专业资质证书作为挑选理财师的重要考核因素，远远高于20岁及以下人群。同时，55岁及以上投资者还十分重视对理财师过往业绩的考察，选择这一项的人群占比达到71.43%。

相比之下，中间年龄的投资者表现更加理性，他们会综合考量理财师的过往业绩、从业年限、资质证书和其所在的机构背景，虽然他们之间的表现也存在一定差异，但其波动总体来看不如20岁以下和55岁以上这两个群体大。

三、博士不绝对看业绩，硕士更青睐年资

拥有博士学位的投资者在选择理财师时，25%的人会考查过往业绩，其他人群在这一项上的占比皆超过50%，如下页图4-10所示。博士学位投资者中有58.7%的人会看理财师的从业年限。学士学位投资者在对理财师过往业绩和从业年限这两项上与博士投资者持相反态度：78.86%的学士学位投资者在选择理财师时会考虑过往业绩，远高于博士投资者的25%；54.47%的学士学位投资者会看理财师从业年限，略低于博士学位投资者。

对于硕士学位投资者而言，有68.18%的人会考查过往业绩。他们与博士学位投资者相似之处有两方面：一是最为看重的都是理财师的从业年限，但硕士学位投资者比例比博士学投资者高不少，有77.27%会考虑这

一指标；二是相较于其他投资者，硕士、博士投资者对于理财师所从业机构的重视程度稍低，分别有 36.36% 的硕士投资者和 37.50% 的博士投资者会根据理财师所从业的机构选择是否接受理财师的服务。

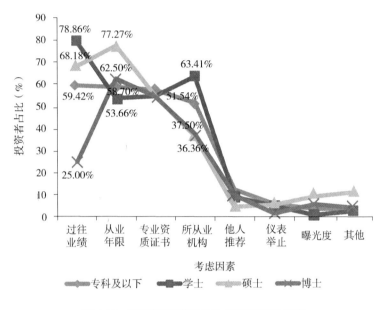

图 4-10　不同学历投资者选择理财师的标准

四、高收入者看业绩、看机构

从不同收入水平投资者选择理财师时考虑的各种因素的分布情况来看，除了月收入 5 万元以上的人群，其他投资者在各项指标上的选择较为接近。

月收入 5 万元以上的投资者在选择理财师时考虑的各项因素变化较大。从下页图 4-11 可以明显看出，这部分投资者选择理财师时，最为看重的是理财师的过往业绩和其所在的机构，分别占到了 83.91% 和 81.82%。相比之下，虽然这一人群中依然有 36.36% 的投资者会将理财师的从业年限作为判断的因素之一，但相比在过往业绩和所从业机构两项上的高占比，以及其他收入水平的人群在从业年限选项上的高比例，这一占比明显偏低。

这也从另一方面说明，在面对高收入投资者时，理财师如果有漂亮的过往业绩，所在机构实力足够强，将会有很大机会得到这部分投资者的信任。

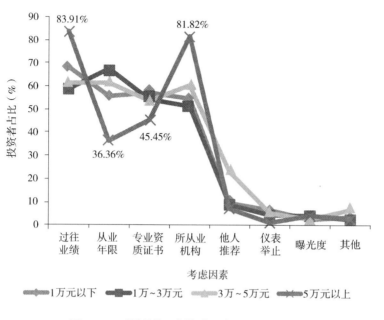

图 4-11　不同月收入投资者选择理财师的标准

第三节 所看重的核心特质

调研结果显示，理财师的过往业绩、从业年限、专业资质及从业机构4大因素是投资者决定是否选择信任一位理财师的决定性因素。而对于他人推荐、仪表举止、媒体曝光度及其他因素，部分投资者会加以考虑，但并不是主要标准。因此，可以看出，投资者眼中对理财师最为看重的特质为：业绩佳、经验丰富、专业度高、所在机构强，如图4-12所示。

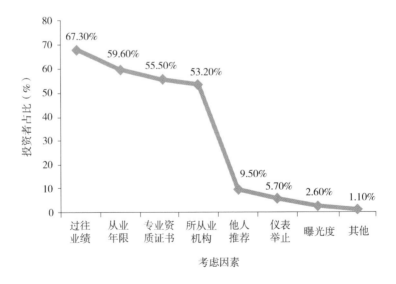

图4-12 投资者看重的理财师的核心特质

一、经验丰富

理财师的从业年限对应的是其在投资理财方面经验的丰富程度。虽然从业年限并不绝对等于从业经验，但从普遍情况来看，从业时间越长的理财师，其拥有丰富投资理财经历的可能性就越大，服务客户的数量就越多，服务也就可能越高质、高效。

二、专业度高

虽然国家已取消国家规划理财师等一系列投资理财方面的职业资格考试，但专业资质证书的持有情况依然可以作为衡量理财师专业程度的参考指标，也是最为直观的指标，因此，理财师专业证书的持有情况可以在一定程度上反映出其专业程度。

三、所在机构强

投资理财中最重要的是控制风险，而选择一个正规、实力雄厚的机构，相对而言更有保障，投资风险自然比其他机构低很多，因此理财师所在机构也成为投资者看重的因素。

四、业绩佳

从图4-12可以看出，投资者在判断是否信任一个理财师时，首先考查的是过往业绩，67.3%的投资者会将理财师的过往业绩作为最重要的判断标准；其次是从业年限，59.6%的投资者选择将这一标准纳入判断条件之中；再次是专业资质证书，55.5%的投资者会看理财师取得专业资质证书情况；再次是理财师所从业的机构，选择这一项条件的投资者占比为53.2%。

第五章
行业发展建议

第一节　对未来的认知和期待

一、期待多元化收入

在对"什么样的收入模式适合你"的回答中，6 成以上（62.4%）的理财师选择了固定薪酬、产品佣金、顾问咨询费中二者以上的组合作为理想中的收入模式，近 3 成（28.6%）选择了三者组合作为理想中的收入模式，不到 4 成受访理财师只选择了其中一者为理想中的收入模式。

过半（53.8%）理财师表示自己更适合固定薪酬模式，但近 7 成（68.55%）表示自己更适合产品佣金的收入模式。同时，超过 2/3（67.7%）的理财师表示希望将客户理财咨询费纳入收入结构，如图 5-1 所示。

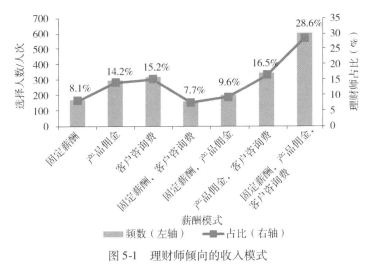

图 5-1　理财师倾向的收入模式

注：样本数量 2113。

与此相反的是，绝大部分（92.23%）理财师表示自己所在机构目前并没有向客户收取理财咨询服务费，收取理财咨询服务费的只占7.77%。

同时，只有26.67%的受访理财师认为"客户付费理财服务模式会在未来5年成为市场主流"，46.22%的理财师认为"不会"，26.11%的理财师认为"不确定"。

这表明，虽然理财师希望收入能够体现产品销售与顾问服务等多方面的工作，但实现向客户收取理财咨询服务费在现实中仍面临诸多挑战。若这一诉求得以实现，现阶段对自己收入不满意的8成左右（84.6%）的理财师，或许会改变其满意度（58.7%的人表示虽然不满意但有信心改善）。需要注意的是，理财师的收入结构和考核方案或将对客户产品配置产生一定的导向性影响。

二、线上理财被认可

79.19%的理财师认为，线上理财模式，即通过互联网购买理财产品会得到客户认可。同时，89.75%的理财师则认为，智能投顾无法全面取代理财师的专业能力，仅有9.40%的理财师认为"智能投顾"虽然还在发展中，但肯定能取代理财师，如图5-2所示。

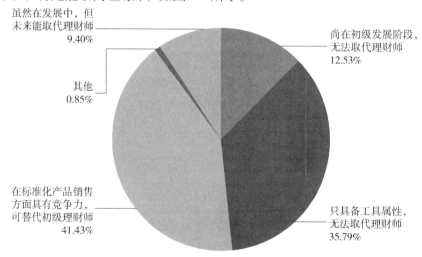

图5-2 理财师对智能投顾的看法

12.53%的理财师认为，目前智能投顾尚在初级发展阶段，完全无法取代理财师，没必要过分担心。35.79%的理财师认为，智能投顾只具备工具属性，用于理财师提升专业服务效率，但并不能替代理财师的作用。41.43%的理财师认为，智能投顾会在标准化金融产品方面具备较强的竞争能力，有可能会取代初级理财师的部分产品匹配工作，但是在面对高净值客户的个性化金融需求时，可能无法完全替代理财师和客户之间的情感维系，更无法体现财富管理服务的全面性和专业性。

综合分析来看，大部分理财师对线上理财的认可度远高于智能投顾。这一方面源于传统金融机构网上业务的快速普及；另一方面也源于国内这几年互联网金融的高度发展，使客户的金融理财互联网化习惯得到了充分提升。

三、呼吁监管

超过6成理财师对行业进一步具体监管措施的出台充满期待。从目前的监管格局来看，监管部门对财富管理机构的管理还处在防风险阶段，并无导向性的政策出台。经过30余年的发展，我国逐步形成了一个多层次、多元化的投融资体系，在发展的每一个阶段，监管部门也有相应的规章出台，对市场行为进行规范。

理财师是直接面对客户的专业群体，也是金融产品走向投资者的最后一道关口。由于理财师在分业经营、分业监管的监管格局下，分属不同的监管机构管辖，缺乏统一的对理财师行为进行规范的监管措施，同时，在海外市场起到重大作用的专业群体自律组织，在中国则因为种种原因，并未起到其应有作用。这些原因导致了理财师群体在一定程度上对未来的行业发展趋势和方向存疑。

在此，呼吁国家能有更多导向性政策出台，这不仅是对当前越来越复杂的财富管理业务进行行为上的规范、约束，而且是为满足广大投资者需求，通过政策引领行业的进一步发展。

具体到本次的调研，共有 2124 位理财师回答了相关监管问题，其中只有 37.43% 的理财师认为目前行业监管已到位，47.41% 认为缺乏金融服务机构监管，40.2% 认为缺乏理财师的行为监管。

第二节 监管建议

一、金融风险种类

英国金融行为监管局（FAC）前CEO韦奕礼（Martin Wheatley）曾指出："从英美的教训看，哪个国家不重视行为监管，不重视金融消费者保护，金融危机就在前面等着……"也有学者指出，2008年的美国次贷危机就源于金融机构对行为风险的管理重视不够，漏洞百出，对客户权益保护不足，而监管单位则又局限在微观审慎监管而忽视宏观审慎管理和行为监管（消费者保护），因而诱发了次贷危机。

财富管理服务是金融体系面向终端零售客户的第一线。2011年，英国金融服务管理局（FSA）在其发布的《零售行为风险展望》中指出，零售业务的行为风险是金融机构零售业务行为给消费者带来不良后果的风险，如：隐瞒产品信息、销售误导/欺诈、个人金融信息泄露、歧视，以及不当催收等。这些风险在很大程度上与财富管理服务有关。

孙天琦在2015年发表的《金融业行为风险、行为监管与金融消费者保护》研究文章中介绍了由加拿大金融消费者保护署（FCAC）前主席詹姆斯·卡伦（James Callon）提供的"金融市场中消费者面临的风险和应对措施"，其列出的风险类别包括：

（1）由于金融机构出现资不抵债而导致存款和投资出现损失。

（2）信息不透明导致消费者财务损失，包括合同条款复杂、模糊、未披露，对保证和做出的承诺未进行书面记录，未披露成本、罚金、佣金等信息，未披露成本、收费、存贷款利率的计算方式等。

（3）金融机构员工进行欺诈导致损失。

（4）服务质量，包括账户交易误差较多、未及时对调查进行反馈和修正记账误差、延误预付贷款收益、拒绝提供服务、无正式的投诉处理流程等。

（5）消费者对产品和服务的复杂性、消费者义务、未履行义务的后果等信息缺乏了解。

（6）误导性广告和销售，包括夸大产品和服务优点、向消费者推荐不适合的产品、夸大服务效果、对产品的描述或者消费者义务的陈述不准确、成本信息不准确等。

（7）强制或者强行销售，包括过度放贷、掠夺性放贷、收取回扣、捆绑销售、不适当的产品销售方式、以销售人员的薪酬作为基础的激励机制。

（8）缺乏竞争性和替代性服务，包括掠夺性定价、要求过高（如对贷款抵押品）和收取回扣。

（9）缺乏基本的廉价服务。

（10）歧视消费者，不公平地限制提供金融产品和金融服务。

（11）未经授权使用或者发布个人信息。

（12）金融机构未遵守法律、合同条款、行为准则等。

从上述风险类别的描述中不难发现当前国内财富管理行业中存在的部分问题。金融机构固然存在"一味追求增长，并希望在增长过程中解决问题"的发展思路，导致对金融消费者权益保护的漠视，但在理财师服务环节中，由于缺乏行为监管的顶层设计、相关政策引领及具体措施，也导致了在行为监管上的缺失。

二、我国监管进展

普惠金融这一概念由联合国在2005年提出,是指以可负担的成本为有金融服务需求的社会各阶层和群体提供适当、有效的金融服务。

2015年11月,中共中央总书记、中央全面深化改革领导小组组长习近平主持召开中央全面深化改革领导小组第十八次会议,会议审议并通过了《推进普惠金融发展规划(2016—2020年)》。

会议强调,发展普惠金融,目的就是要提升金融服务的覆盖率、可得性、满意度,满足人民群众日益增长的金融需求,特别是要让农民、小微企业、城镇低收入人群、贫困人群和残疾人、老年人等及时获取价格合理、便捷安全的金融服务。要坚持借鉴国际经验和体现中国特色相结合、政府引导和市场化主导相结合、完善基础金融服务和改进重点领域金融服务相结合,健全多元化广覆盖的机构体系,创新金融产品和服务手段,加快推进金融基础设施建设,完善相关法律法规体系,发挥政策引导激励作用,加强普惠金融教育和金融消费者权益保护。要坚持监管和创新并行,加快建立适应普惠金融发展的法制规范和监管体系,提高金融监管的有效性。

这一会议精神让广大理财师群体深受鼓舞。同时,"加快建立适应普惠金融发展的法制规范和监管体系,提高金融监管有效性"也是理财师群体的呼声。

三、澳大利亚两次金融服务改革

美国次贷危机以后,各国痛定思痛,认识到金融消费者权益保护的重要性。2011年10月,G20巴黎峰会通过了经济合作与发展组织(OECD)牵头起草的《金融消费者保护高级原则》(以下简称《高级原则》),该文件包括了10项对于银行、保险、证券,以及其他金融行业具有普适性,且不具有约束力的内容。这 10 项原则的内容包括：

（1）建议将金融消费者保护纳入法律、规制与监管框架，且与各国金融部门的环境、国际市场和监管发展水平相适应。

（2）应明确特定监管主体负责金融消费者保护工作，并赋予其必要的权力。

（3）公平、公正对待消费者。

（4）金融服务提供者及其代理机构应告知消费者重要信息，包括产品收益、风险和期限等。金融服务提供者还应告知其与代理机构之间的利益关系。

（5）所有利益相关者均应参与金融教育，应当使消费者容易获取与消费者保护、消费者权利和义务相关的信息。

（6）金融服务提供者及其代理机构应客观考虑消费者的最优利益，主动承担起保护消费者权益的责任。金融服务者应为其代理机构的行为负责。

（7）保护消费者资产免受欺骗和误导。

（8）保护消费者数据和隐私。

（9）司法方面确保消费者的投诉获得适当处理，确保投诉处理在消费者经济承受范围内，应确保公正、独立、有效、及时、高效处理投诉。

（10）鼓励竞争。

十大高级原则形成了保护、可获、教育三大支柱。

从发达国家财富管理行业的发展来看，《高级原则》的精神得到了很大程度上的体现，以英国、美国、澳大利亚为代表的发达国家发布的一系列的金融监管改革法案，其中多项内容都涉及一线财富管理业务的监管，而这些政策在一定程度上也引领了行业发展的路径。

（一）《金融服务改革法案 2001》

2001 年 8 月，澳大利亚国会通过了《金融服务改革法案》修正案，并于 2002 年 3 月 11 日正式实施。该修正案主要精神随后被纳入新修订的《公司法》中。该法案主要以金融消费者保护为主线，主要保护对象是金融服务业的个人客户，而该"个人客户"的定义是相对那些"老练的、专业的和高端客户"而言。

1. 对金融产品的定义

《金融服务改革法案2001》对一些金融产品做了非常详细的定义，其中包括：

（1）证券。

（2）集合投资产品。

（3）衍生金融产品。

（4）退休基金和退休储蓄产品。

（5）寿险产品和个人财险。

（6）投联险。

（7）相关储蓄产品。

针对以上产品，该法案就提供以下 5 个方面服务的金融服务机构进行了规范：

（1）提供对相关金融产品的咨询。

（2）对相关金融产品进行交易。

（3）产品创新。

（4）集合投资。

（5）提供储蓄或（资金）保管业务。

提供以上服务的个人必须获得"澳大利亚金融服务牌照"（AFSL，Australian Financial Service License）或被牌照获得者以自己的名义授权，是为"授权代表"。绝大多数澳大利亚的理财师均为各类机构和金融服务公司的授权代表。

2. 信息披露

在具体的规定中，有两个披露文件必须提供给客户，分别是：

（1）金融服务指南（FSG，the Financial Services Guide）

（2）咨询建议声明。

FSG 必须在第一次和客户接触时尽早提供给客户，其内容包括：

（1）金融服务提供者（以下统称理财师）的姓名和联系方式，如果该名人士是授权代表，则必须向客户提澳大利亚证券和投资委员会的授权号码。

（2）理财师将如何为客户提供服务。

（3）可以为客户提供何种服务。

（4）理财师的身份（是作为客户的代理人还是作为产品提供者的代理人）。

（5）理财师的薪酬结构（佣金制、服务费制或组合制等）。

（6）任何对理财师的建议有潜在影响的相关关系。

（7）如果有关建议是通过电话方式提供，客户可能需要一份建议的纪录。

（8）当客户和理财师之间发生争执和纠纷后，客户可能需要的内部和外部的解决纷争的渠道的有关信息。

（9）如果客户是通过转介绍的方式接触到理财师的，是否对介绍人有任何酬庸。

在提供一次具体的个人咨询建议时，理财师必须提供一份咨询建议声明。这份声明将构成所给出的推荐和建议的合理性证明文件，作为客户在做决定时所必需的资讯。同时，该声明也是理财师披露其在提供服务时可能会取得的佣金收入和其他利益的文件。咨询建议声明必须包括以下内容：

（1）对客户的有关建议。

（2）对给出的建议的有关解释，这必须和客户的需求、目标、财务状况相一致，并阐明这些建议是如何满足客户需求的。

（3）理财师的姓名和联系方式。

（4）任何会对理财师的建议产生影响的（理财师会收受的）收入披露，尽可能精确到具体数目或说明计算方法。

（5）任何可能会对理财师的建议产生影响的利益披露。

在咨询建议声明中，必须对任何不完整的或错误的客户信息提出警告，因其可能对有关建议的适用性产生影响。

如果理财师建议用一种金融产品来替代客户已经拥有的产品，咨询建议声明还必须包括一份产品披露声明（PDS，Product Disclosure Statement），其披露内容必须体现出：

（1）产品的置换是有益的和有价值的。

（2）产品的置换是相关的和完整的。

（3）是客户能理解的。

（4）两种产品之间的比较。

（5）特别指出重要的资讯。

（6）符合客户的需求。

（二）FOFA 法案

可以看出，在 2001 年的澳大利亚金融服务改革中，信息披露是主旋律。理财师在提供服务前、中都需要向客户提供详细信息，其中包括理财师信息、机构信息、产品信息、佣金收入情况等，并通过咨询建议书确认客户所提供的信息、产品建议，以及更换的理由等，以实现了解你的客户（KYC）、了解你的产品（KYP）的监管合规要求。

然而，在 2009 年就有国会议员提出，《金融服务改革法案 2001》并没有提高民众接受金融服务的质量，随后就揭开了名为未来财务顾问（FOFA，Future of Financial Advice）的法案的序幕。

FOFA 的目标是改善澳大利亚普通投资者对于金融服务机构的信任和

信心，同时保证普通投资者可以得到并负担得起高质量的理财建议。

FOFA 在 2012 年 7 月 1 日开始由各金融机构自愿开始实施，并于 2013 年 7 月 1 日在澳大利亚正式实施。此次改革主要的内容包括：

（1）禁止"冲突性收入结构"（conflicted remuneration structures），其中包括在销售和建议零售投资产品时收取的佣金和基于交易额度的收入。冲突性收入被定义为：任何给个人客户提供金融产品建议的 AFS 持牌机构和理财师，收取的可能影响其行为的利益，包括：金融产品选择的建议；金融产品的咨询；根据客户的交易量进行推定的利益，一些根据收益而获得的利益也被认为是冲突性收入（这个有另行规定的）；产品平台运营商向产品提供商收取的展示费用；向使用杠杆的客户以资产额度收取的咨询费等。

（2）基于客户利益的金融顾问责任，包括工作中的"合理步骤"、客户利益优先、建立建议提供者可以依赖的"安全港湾"等。

（3）理财师应每两年征求客户是否同意继续接受持续服务和支付服务费用的意见，客户可选择同意或不同意。

（4）年费披露声明。

（5）强化证监会的监管权限。

综上所述，在《金融服务改革法案 2001》的基础上，FOFA 改革的重要手段是消灭冲突性收入，换言之，FOFA 改革宣告了"卖产品、拿佣金"商业模式的终止。

2013 年 12 月 20 日，澳大利亚政府为了进一步在改革过程中降低金融服务行业的合规成本及合法负担，宣布了对 FOFA 的一系列改革措施，目的是保证在维护财富管理服务架构之健全的同时，让澳大利亚投资者能够得到负担得起的理财建议。2014 年 3 月 19 日，澳大利亚政府向国会提交了《公司法修正案（精简 FOFA）2014》，该修正案主要根据行业在具体实施过程中提出的反馈意见而对 FOFA 进行修正和精简，其中包括了一些针对时效性方面的条款，并去除了原来理财师每两年必须要征询客户意见是否延续服务的义务。同时，修正案还对一些情形下的冲突性收入进行了豁免，如退休金以外的保险产品⊖，因为保险行业说服了政府，没有佣金会导致该类保险产品的销售下降，从而让消费者更得不到足够的保护。

有意思的是，2014 年 11 月 19 日，澳大利亚参议院否决了该修正案。随后，澳大利亚政府为被否决的修正案重新制定了一些时效性的条款，并得到了两党的支持。这些修改通过《公司法修正案 2014》及《公司法修正案 2015》来实施。上述法案分别在 2014 年 12 月 16 日及 2015 年 7 月 1 日生效。

FOFA 议案（《公司法修正案》）在 2014 年 3 月 19 日在众议院获得通过，2015 年 11 月 24 日被参议院进行了修改。众议院在 2016 年 3 月 1 日通过了修改后的议案，并在 2016 年 3 月 18 日得到皇室首肯。

除了禁止冲突性收入以外，FOFA 的另一项内容同样值得关注，即取消不持有金融服务牌照的会计师向"自我管理的退休基金"提供金融产品买卖建议的豁免。澳大利亚证监会在考虑了会计师行业的意见后，决定向这些会计师发放限制性金融服务牌照。从中可以看出，金融服务作为一个独立的专业性行业，其准入门槛得以进一步明确。

四、监管建议

澳大利亚历时 15 年的前后两次对金融服务的改革，在很大程度上引领了该国理财行业发展的轨迹⊜。澳大利亚在 20 世纪 80 年代中后期曾经历过巨大的金融市场风险，但在其后的金融监管过程中，澳大利亚则表现得可圈可点，分别建立了审慎监管机构和金融消费者保护机构，成为"双峰

⊖ 澳大利亚养老金（superannuation）制度是一种退休保障体系。法律强制规定雇主为员工缴纳工资一定比例的金额或者个人自愿供款（Contribution）到专门的养老金基金管理公司，或自我管理养老金基金（SMSF），并在此基础上配套了完整的税务制度和激励政策。

⊜ 澳大利亚《金融服务改革法案 2001》及 FOFA 法案的内容整理自澳大利亚证监会（ASIC）官网、澳大利亚财政部 FOFA 官网及其他大型金融机构网站信息。

模式"①的典范。澳大利亚在2008年国际金融危机后，没有陷入经济衰退和金融动荡，没有经历银行破产，甚至自始至终未出现任何濒临倒闭或需要政府救援的金融机构。

根据孙天琦介绍的金融市场消费者面临的风险（前文已有列举）和应对措施，将与财富管理相关的应对措施归纳如下：

（1）针对信息不透明导致消费者财务损失，相应的行为监管应对措施主要仍以信息披露为主，包括：

1）对任何可能影响消费者决策的事项进行充分披露，实现透明化。

2）披露语言应通俗易懂，附带计算示例。

3）披露应在达成合同之前提供。

4）对已进行的披露和达成协议的内容，应留存证明。

5）消费者有权拥有相应的书面披露材料，包括产品风险、本金风险、利润风险；消费者义务；对产品服务或合同的替代和变更；成本、收费、利率；佣金；销售人员资质；合同完全或部分依据的假设或情况；潜在使用第三方和分包商的有关资料；担保或承诺；使用的计算方法和算术公式；提前终止合同的权利及使用条款；任何可能出现的罚款情形；时限、最后期限；消费者未履行义务应承担的后果和责任；争议解决机制等。

（点评：根据澳大利亚《金融服务改革法案2001》，其中的大部分信息披露内容已经包含在内，并规定了在具体哪个环节披露这些信息，值得借鉴。）

（2）针对因为服务质量而引发的风险、误导性广告销售、强制或强行销售，以及未经授权使用或发布客户个人信息，相应的行为监管应对措施

---

① 双峰监管模式，指在功能监管的基础上，根据金融监管的两大主要职能，即审慎监管和市场行为监管进行监管，由此而产生两类监管机构，分别进行负责。此种监管模式的好处在于能够较好地分别对金融机构的两个阶段的行为进行有效监控，能够保证在各自的监管领域内的监管目标一致，同时也避免了不同机构存在同领域监管但因为部门、体系等因素而产生的监管交叉、真空，降低了监管机构之间的摩擦成本与协调难度，同时也形成了一定的制衡机制，避免道德风险的产生。

主要是规则的制定。金融机构应制定内部行为准则、服务标准、投诉监测和正式处理流程；消费者认知程度资料；适当的制度、流程和培训方案；内部合规监测方案。监管部门开展监测和执法检查，也可以雇佣神秘访客，由第三方机构暗访监管政策的执行情况。

（点评：目前我国各大金融机构均有不同种类的规章制度以解决业务过程中的问题，但缺乏更为统一的顶层设计和监管要求，同时，金融机构在执行自行制定的合规要求时，缺乏更高一层的监督。）

（3）针对消费者对产品和服务的复杂性、消费者义务，以及未履行义务的后果缺乏了解，相应的行为监管应对措施主要是财商教育和合同简化，包括金融机构应通过行业倡议对合同进行简化；在消费者关系、纠纷解决和有效沟通技能方面加强对员工的培训；开展产品教育和金融知识普及。

（点评：根据本次调查情况，客户金融知识普及和产品教育工作正以客户活动的形式在很大程度上得到理财师及所属机构的重视，这是行业发展的一个可喜现象。形式很重要，但内容更重要。在对客户进行财商教育的同时，理财师的专业定位、财富管理和其他行业的区别，以及科学、理性的投资观，均需要在一定程度上在行业内达成共识，而这又是与监管的引领性作用分不开的。）

行为经济学告诉我们，消费者具有违背完全理性的行为偏差、偏好不一致的行为偏差、违背效用最大化的行为偏差，以及有限注意力导致过多信息成为负担等（这些消费者的行为偏差极有可能被金融机构或者从业者出于自身利益和立场而加以迎合或利用。——编者注），最终使得消费者的利益受到损害。因此，为了更好地保护消费者权益，需要对金融机构和从业者进行行为干预和产品干预，提高信息披露的有效性，与此同时，推进金融知识普及和金融消费者能力的提高。

因此，根据本次调查所收集到的理财师个人对行业监管的主观期望,我们也急切地呼吁有关监管部门,对中国财富管理行业的发展路径进行顶层设计,尽早出台相关的行业行为监管措施和政策,以保证行业的健康发展,并使数以万计的理财师群体在此过程中得到良好的职业生涯发展。

参考文献

[1] 大众理财顾问. 中国理财顾问服务发展报告（2017）[R]. 北京. 2017.

[2] 孙天琦. 金融业行为风险、行为监管与金融消费者保护[J]. 金融监管研究，2015（3）：64-77.

[3] 夏文庆. 理财师实务手册[M]. 北京：北京大学出版社，2009.

[4] 孙天琦. 金融消费者保护：行为经济学的理论解析与政策建议[J]. 金融监管研究，2014（4）：32-56.

[5] 张韶华. G20 金融消费者保护高级原则[J]. 西部金融，2012（5）：31-33.

[6] 澳大利亚证监会（ASIC）. Financial services[DB/OL]. 2014-10-24. http：//www.asic.gov.au.

[7] 澳大利亚财政部. Future of Financial Advice[DB/OL]. [2017-11-28]. http：//futureofadvice.treasury.gov.au.

[8] 冯乾，侯合心. 金融业行为监管国际模式比较和借鉴——基于双峰理论的实践[J]. 财经科学，2016（5）：1-11.

[9] 何颖. 浅析日本的金融消费者保护制度改革[J]. 日本学刊，2011（1）：93-105.

[10] 尹继志. 英国金融监管改革与新的金融监管框架[J]. 金融发展研究，2013（9）：26-31.

[11] 徐云松. 我国金融行为监管体系的构建与发展研究：国际经验与借鉴[J]. 征信，2016，34（8）：15-24.

[12] 杰弗瑞 H 拉提纳. 理财规划进行时[M]. 张楠，译. 北京：机械工业出版社，2008.

[13] 哈罗德·埃文斯基. 财富管理理财顾问客户投资管理指南[M]. 张春子，等译. 北京：中信出版社，2011.

后　　记

历经超过一年的筹备、实施、分析和总结，《中国理财师职业生态·2018》终于完稿了。

中国理财师职业化发展联合论坛筹备委员会所有成员、本书编委会成员为此付出了巨大的努力和心血。然而，如果没有4597名来自全国各地的理财师的热情参与，如果没有各地理财师协会的大力协助，以及机械工业出版社从领导到策划及编辑的全力支持，也就没有这部承载了行业发展希望的调查报告的诞生。

从这部调查报告所呈现的当前理财师职业生态不难看到，很多中国财富管理行业发展早期的特征，比如，绝大多数财富管理机构及理财师基本上还是以"卖产品、拿佣金"的收入模式展业；再比如，个别地区的理财师士气相对低落，理财师的工作方式也还有进一步提升的空间，客户黏性尚待进一步加强等，这些特征也许可以称之为"问题"，但就像婴孩蹒跚学步一样，行业也是在不断试错、不断总结，以及不断改进中成长起来的。

然而，在这部调查报告中，我们更多看到的是希望。

我国理财师年轻、高学历并有着极高的学习意愿，愿意坚守理财师岗位。尽管普遍受到业绩压力，但他们不屈从于考核或佣金，在主观上更注重客户需求并以专业能力为客户提供产品和服务，已经成为大众财商教育的主力军。

在客观环境方面，我国专业理财师团队的年龄梯队正在逐步形成，由认证培训、内训和外部培训形成的多层次教育体系已逐步成型，并通过线

后　记

上、线下的多元化形式服务于各发展阶段理财师；行业发展朝气蓬勃，更多的理财师正在加入进来，有经验的理财师开始尝试包括独立理财师、理财师事务所在内的全新商业模式；理财师对行业的发展充满信心，他们并不认为智能投顾会取代理财师的工作岗位、期待更多元化的收入模式并前瞻性地对进一步监管措施的出台充满期待。

通过由一组组数据描绘出的当前理财师群体职业生态，无疑，让我们对理财师这个群体有了更进一步的了解，并由此对中国财富管理行业的健康发展充满了期待，因为"人"是一个行业最根本的因素，当我们拥有了一大批优秀、专业、训练有素、以客户为中心的理财从业人员，这个行业就充满了希望。

《中国理财师职业生态·2018》既是4597名理财师的一次集体亮相，也是对中国财富管理行业第一阶段发展的一次总结，更是向社会大众揭开行业面纱，使整个行业怀抱赤诚之心，以真实面貌展现在大家面前。相信这幅为时一年有余、集合了数千理财师心血的中国财富管理行业"清明上河图"，将为行业的健康发展，为中国人理财方式和习惯的改善，做出应有的贡献。

在这里，我们再一次心怀感恩之心，感谢每一位为这项工程贡献自己力量的理财师、出版社的工作人员、为本书写序的专家学者，以及关心行业发展、关心理财师群体的社会贤达，因为有了你们，中国财富管理行业就有了生长的土壤、破土而出的勇气，以及未来的枝繁叶茂。

中国理财师职业化发展联合论坛筹备委员会
2018年1月